CONFISCO ALARGADO DE BENS

Análise de Direito Comparado

Roberto D'Oliveira Vieira

CONFISCO ALARGADO DE BENS

Análise de Direito Comparado

2019

EDITORA
JusPODIVM
www.editorajuspodivm.com.br

EDITORA *Jus*PODIVM
www.editorajuspodivm.com.br

Rua Território Rio Branco, 87 – Pituba – CEP: 41830-530 – Salvador – Bahia
Tel: (71) 3045.9051
• Contato: https://www.editorajuspodivm.com.br/sac

Capa: Ana Caquetti

Imagem de Capa: Designed by Freepik

V658c Vieira, Roberto D'Oliveira.

Confisco alargado de bens: análise de direito comparado / Roberto D'Oliveira Vieira – Salvador: Editora JusPodivm, 2019.

240 p.

Bibliografia.

ISBN 978-85-442-3049-7.

1. Direito Penal. 2. Confiscação das coisas em relação direta à infração. 3. Confiscação dos bens. I. Vieira, Roberto D'Oliveira. II. Título.

CDD 341.5442

Para Natália,
grande entusiasta desta dissertação,
e Eduardo, pequeno incentivador que apareceu
em nossas vidas no decorrer do Mestrado.

AGRADECIMENTO

Ao Professor Doutor Nefi Cordeiro, pela valiosa orientação.

Ao Professor Doutor Germano Marques da Silva, catedrático da Faculdade de Direito da Universidade Católica Portuguesa, pela acolhida no período de visita à Universidade Católica Portuguesa e pela dedicação empreendida para buscar as melhores condições para o desenvolvimento da pesquisa em Portugal.

À estadia oferecida pelos funcionários e professores da Universidade Católica Portuguesa, em especial ao Professor Doutor Pedro Garcia Marques, integrante do Centro de Investigação da Faculdade de Direito.

Em Lisboa, tive a oportunidade de discutir alguns aspectos da perda alargada com os Professores Doutores Pedro Caeiro, da Faculdade de Direito da Universidade de Coimbra, e José Manuel Damião da Cunha, da Faculdade de Direito da Universidade Católica Portuguesa, a quem deixo meus agradecimentos pela oportunidade oferecida.

Ao Professor Doutor Diaulas Costa Ribeiro, por ter me apresentado o caminho para Lisboa.

A estadia e o êxito da pesquisa em Lisboa não seriam os mesmos se não fosse o empenho da Secretaria de Cooperação Internacional, na pessoa dos colegas Vladimir Barros Aras e Rodrigo Leite Prado e da assessora-chefe Georgia Renata

Sanchez Diogo. Em Portugal, tive a honra de conhecer mais sobre o instituto da perda alargada com as Procuradoras da República Helena Gonçalves e Lurdes Lopes, chefe de gabinete e assessora da Procuradoria-Geral da República de Portugal, com a Diretora do Gabinete de Administração de Bens, Carla Pinheiro, e com o Inspetor Chefe no Gabinete de Recuperação de Activos do Norte, Orlando Mascarenhas.

À receptividade do Doutor João Conde Correia, na visita realizada à Procuradoria-Geral Distrital do Porto, Procurador da República cuja obra serve de referência para a dissertação.

Aos Professores Doutores Júlio Cesar Aguiar e Benjamin Miranda Tabak, pelas críticas formuladas ao longo do Mestrado na Universidade Católica de Brasília.

Aos membros da banca de qualificação, Professores Doutores Nefi Cordeiro, Diaulas Costa Ribeiro e Maurício do Valle, pelas relevantes observações.

Aos membros da banca examinadora, Professores Doutores Nefi Cordeiro, Diaulas Costa Ribeiro e Luiza Cristina Fonseca Frischeisen pelas críticas apresentadas na defesa da dissertação.

Aos colegas Procuradores da República Paulo Rubens Carvalho Marques e Luiz Eduardo Camargo Outeiro Hernandes, pelo auxílio na revisão da dissertação. Agradeço do mesmo modo aos Procuradores da República Deltan Martinazzo Dallagnol, Daniel Resende Salgado e Marco Aurélio Alves Adão pelo incentivo ao desenvolvimento do tema.

Aos colegas de mestrado e aos amigos Raul Ferraz Gominho Leal Jardim e Marcus Vinícius Duarte Malta pela companhia durante as curtas estadias em Brasília.

À professora Irene Lage de Britto, pela colaboração na padronização do texto às normas da Associação Brasileira de Normas Técnicas.

Ao colega Procurador da República André Sampaio Viana e aos servidores da Procuradoria da República no Município de Vitória da Conquista pela imprescindível ajuda na difícil tarefa de conciliar o mestrado com o desempenho das funções no 1º Ofício.

À Escola Superior do Ministério Público da União, pelo estímulo oferecido aos membros do Ministério Público da União no desenvolvimento de pesquisa de temas de interesse institucional.

Aos meus pais, Roberto e Carmen, pelo permanente incentivo em sempre buscar o crescimento na vida profissional. Aos meus irmãos, Ricardo, Letícia e Renato e aos meus cunhados, Joana, Jorge e Katiusha, pelo intenso convívio familiar que serve de alicerce para minha formação. Aos meus sobrinhos, Francisco, Pedro, Gabriel, Rafaela, Júlia, Luísa, Davi e Valentina, por me lembrarem que a felicidade está em pequenos momentos da vida. Aos meus sogros, Tânia e Antônio, pelo apoio oferecido nos desafios que surgiram no curso do Mestrado.

À minha esposa, Natália, e ao meu filho, Eduardo, fontes de amor e de inspiração.

APRESENTAÇÃO

Crime e dinheiro são indissociáveis nas razões de existir, na reprovação e repercussão social, na investigação e na prova, na justiça e na impunidade. A vantagem financeira move o agente de crimes patrimoniais, que de dinheiro precisa para manter a estrutura criminosa e prosseguir na prática delitiva. O dinheiro é como consequência e motivação valorado na dosimetria da pena e é pela sociedade sopesado no exame da conduta praticada. É a vantagem patrimonial relevante fonte de investigação criminal da autoria e prova definidora da culpa penal. A reparação do dano ou sua compensação e a satisfação econômico-social definem o grau de admissão coletiva da justiça criminal.

Nessa preocupação com a plenitude da justiça, pela apreensão da coisa ilícita – na origem ou como derivação – e com os meios de sua identificação e alienação, em um devido processo legal garantista, com a celeridade que a sociedade e o perecimento dos bens exigem, com a especializada gestão, trabalha em sua pesquisa Roberto D'Oliveira Vieira.

Com a experiência de vida como integrante do Ministério Público Federal, vem o novo mestre em Direito pela Universidade Católica de Brasília propor um reforço de análise a projetos legislativos que iniciaram no Brasil e que certamente caminharão para incorporar nosso país a um padrão internacional de responsabilização mais completa daquele que aproveita falhas na eficiência estatal para enriquecer no ilícito.

Sofre o país com o tratamento amador na gestão das coisas apreendidas em processos criminais. O juiz gere ou designa gestores dos bens sob constrição. Não está o magistrado preparado para a gestão comercial ou para a conservação dos bens; e não tem tempo para isso, nessa imensidade de feitos tão comum à realidade forense brasileira. A gestão por terceiros é onerosa e nem sempre transparente ou eficiente.

Não evoluímos para a administração centralizada e especializada, comum em sistemas jurídicos de direito comparado e que, se não geram necessariamente lucro (ainda que por redução de prejuízos), evitam nossa situação até comum de perda dos bens pela completa deterioração.

É preciso pensar na criação de órgão responsável pela gestão das coisas apreendidas. Antes, já, é preciso pensar na própria apreensão dos bens, no Brasil ainda tão limitado aos fatos de cada processo e com supervalorizado dogma de reversibilidade das cautelares em caso de improvimento final. A cautelar tem como característica a provisoriedade, mas somente pode existir para a proteção aos objetivos do processo – e de nenhuma das partes é objetivo a deterioração da coisa.

Se satisfativa é a alienação mais célere dos bens, mais protetiva ela é aos interesses econômicos das partes e da sociedade, preservando o valor como conteúdo garantido pelo processo.

Finalmente e foco principal do trabalho, o Brasil precisa discutir seu ingresso no padrão internacional de apreensão do patrimônio de quem vive e enriquece pelo ilícito. A limitação das apreensões aos resultados criminosos de cada processo separado leva à injustiça de manter desonerados bens até de quem teve confessada e comprovadamente a vida dedicada apenas ao crime, mas nem por todos os ilícitos é criminalmente perseguido.

A constitucional e democrática presunção de inocência não pode gerar a injustiça social de manter patrimônio com quem adquire renda apenas pelo crime. A doutrinária compreensão prevalente da inadmissibilidade de direitos e princípios absolutos permite o devido sopesamento pelo legislador e pelo juiz, nas suas atribuições, para impedir o absurdo fático, com o qual não pode conviver o bom direito – a presunção de inocência não é fonte do enriquecimento ilícito, sem justa causa.

A discussão quanto ao meio processual da apreensão, quanto ao ônus probatório, quanto às hipóteses de incidência – inclusive discutindo os diferentes sistemas já implantados na América e Europa, com ênfase em nossa coirmã Portugal –, fazem deste trabalho fonte de aprendizado e de discussão para o caminhar legislativo e jurisprudencial brasileiro sobre o tema do confisco alargado.

Traz Roberto D'Oliveira Vieira a contribuição de quem na profissão sofre com as injustiças na busca da melhor satisfação social ao crime, pensa Roberto com a mente do novo pesquisador acadêmico que exige a visão maior da controvérsia, preservando as garantias do processado contra um processo inquisitivo e autoritário.

Para os brasileiros, o tema do confisco alargado já é há muito debatido. Foi objeto de proposta popular no Projeto de Lei nº 4.850/2016 e hoje teve renovado seu interesse com a edição da Medida Provisória 885, de 18 de junho de 2019, que permite mais célere e até centralizada alienação de bens em feitos criminais.

A discussão sobre o confisco alargado, seu modo, prova, extensão e gestão não pode mais ser relegada do plano normativo nacional. Urge atualizar a ação estatal na investigação e destinação desse dinheiro do crime, como modo de enfraquecer a ação organizada criminosa, como forma de justiça.

Parabéns a Roberto D'Oliveira, cuja pesquisa tive o prazer de acompanhar como orientador de mestrado, pelo resultado desse esforço – útil à acadêmica, útil aos cidadãos brasileiros.

Néfi Cordeiro

Doutor em Direito das Relações Sociais – UFPR
Professor de graduação e pós-graduação em Processo Penal
Ministro do Superior Tribunal de Justiça

PREFÁCIO

1. Correspondendo aos desafios da criminalidade hodierna, o confisco é, hoje, uma vertente imprescindível de uma qualquer política criminal realista. De tal forma que não falta quem o repute como o terceiro pilar do direito penal (David Ullenboom) ou quem (de forma muito crítica) refira que vivemos na era do *nullum crimen sine confiscatione* (Vittorio Manes).

Na verdade, superando o paradigma iluminista da proibição jurídico-constitucional do confisco, na década de setenta do século passado assistimos ao seu fulgurante renascimento. Os EUA reintroduziram, então, o congelamento e a perda como instrumento privilegiado de combate ao tráfico de droga e à criminalidade organizada e depois, paulatinamente, foram alargando o seu âmbito de aplicação, estendendo-o a outras realidades. Seguindo este exemplo inicial, alguns Estados Europeus (Itália, Reino Unido) também introduziram novos mecanismos de congelamento e confisco dos produtos do crime, contribuindo para a difusão internacional desta nova política criminal. Pouco a pouco, a nova lógica ablativa foi-se espalhando até se tornar praticamente global.

No final dos anos oitenta, esta estratégia inovadora consolidou-se, alargou-se a novos Estados e logrou consagração internacional. A Convenção das Nações Unidas Contra o Tráfico Ilícito de Estupefacientes e Substâncias Psicotrópicas, adotada pela 6.ª sessão plenária das Nações Unidas em 19 de dezembro de 1988 (Convenção de Viena) e a Convenção do Conselho da Europa Relativa ao Branqueamento, Deteção, Apreensão e Perda dos Produtos do Crime de 1990 (Convenção de Estrasburgo) são disto mesmo apenas dois bons exemplos. Em ambos os casos, o confisco foi elevado à categoria de instrumento imprescindível da luta contra o crime.

Esta consolidação passou, ainda, pelo alargamento desta nova política-criminal a todas as formas de crime aquisitivo, pela introdução de mecanismos de confisco alargado e pelo surgimento do confisco não baseado numa condenação. As formas tradicionais de confisco, decorrentes de uma condenação, cedo começaram a revelar-se insuficientes. Nuns casos, sendo impossível provar todos os proventos do crime ou toda a carreira criminosa do condenado, torna-se necessário estender a perda a outros ativos, que provável ou presumivelmente ainda provêm daquele crime, ou então provêm de outros crimes semelhantes (confisco alargado); noutros casos, embora não seja possível obter uma condenação, ainda assim justifica-se a perda dos proventos do crime (confisco não baseado numa condenação): morte, fuga, doença, amnistia, imunidade, prescrição etc.

No início do novo milénio, com o intensificar do terrorismo, o confisco recebeu uma nova missão. A investigação patrimonial e financeira passou a ser encarada como um instrumento eficaz de deteção, de prevenção e de combate ao financiamento do terrorismo. Apesar de já não estarem em causa os proventos do crime (vantagens), mas, ao invés, os fundos indispensáveis à sua prática (instrumentos), justifica-se a utilização do mesmo mecanismo. Só seguindo a pista do dinheiro (no jargão internacional, *follow the money*), poderemos, muitas vezes, impedir a concretização futura destes crimes horrendos e a consequente perda de vidas humanas inocentes.

Finalmente, com a recente crise económico-financeira, o *white collar crime* passou para a ribalta e, com isso, o confisco recebeu um novo impulso fundador: a investigação, a perseguição e, sobretudo, a consciência social da danosidade do crime económico aumentou substancialmente, legitimando a adoção generalizada de medidas profiláticas da mesma índole. Se o principal estímulo para a prática destes crimes é o lucro, só adequadas medidas económicas antagónicas o podem combater. A reação penal deve anular a motivação criminal.

Desta forma progressiva, que acompanha o intensificar da globalização, em menos de cinquenta anos, o confisco tornou-se num mecanismo central de qualquer política criminal realista, quer em termos nacionais, quer em termos internacionais. Ameaçar com a perda dos proventos do crime tem um inquestionável efeito preventivo, de que não podemos prescindir. No sugestivo título de Hans Nelen, *hit them where it hurts most.* Só assim se poderá alcançar algum sucesso na luta contra este tipo de criminalidade.

2. É neste contexto axiológico que, em boa hora, se insere a tese de Roberto D'Oliveira Viera: tudo aquilo que seja feito para estudar e divulgar a problemática do congelamento e do confisco é, em nosso entender, bem-vindo. A novidade do tema (ressurgiu nos anos setenta do século passado), as metamorfoses que o caracterizam (v.g. perda clássica, pelo valor, de bens de terceiros, alargada, não baseada numa condenação) e a repulsa que fruto da sua história ainda convoca, justificam o desenvolvimento de novos modelos teóricos. Saber até onde se pode ir num Estado de direito (v.g. perda alargada, perda do património incongruente, *actio in rem*) é a questão que esperamos ansiosamente ver solucionada, que, à sua maneira, o autor também procura resolver.

A partir do conceito de perda alargada (por prescindir da relação instrumental ou de origem com o crime pelo qual o réu foi condenado) e da identificação dos principais instrumentos internacionais que pugnam pela sua adoção, o autor parte para a análise comparativa entre o sistema português e o sistema brasileiro, por forma a concluir pela insuficiência das soluções aí vigentes (ausência de um "processo penal patrimonial") e pela necessidade da melhoria das propostas já apresentadas, pois a "proposta legislativa deixou de tratar de temas relevantes ao instituto da recuperação de ativos ou que afetam sensivelmente direitos individuais". A identificação destas lacunas (num momento em que ainda podem ser corrigidas) é fundamental para o sucesso da intervenção legislativa. Só dessa forma será possível gizar um modelo que seja eficaz, mas que, ao mesmo tempo, não esqueça as imprescindíveis garantias de defesa do arguido e de terceiros. Já que se tem de alterar a lei (penal) ao menos que a mudança seja madura, abrangente e visionária. Bem bastam os casos em que o legislador não consegue antecipar os problemas.

Procurar o devido equilíbrio, a necessária concordância prática entre aqueles interesses antinómicos (eficácia da ação penal/garantias de defesa) e, inelutavelmente, conflituantes é um cuidado metodológico subjacente a todo o discurso e a todas as sugestões desta obra: o seu autor não se refugiou na moda das fáceis propostas extremistas ou ortodoxas, também elas reprováveis e a prazo mais do que prejudiciais. Não podemos deixar que o confisco caia novamente no arbítrio. Embora ele seja uma ferramenta essencial num Estado de direito, se não for rodeado das devidas garantias processuais, facilmente se pode tornar em abuso: mesmo os bons instrumentos podem ser mal utilizados. Os direitos de defesa (do arguido ou de terceiros) são essenciais e não podem ser (nem são aqui) esquecidos.

3. Com a obra denominada "Confisco alargado de bens: análise de Direito Comparado" , Roberto D'Oliveira Vieira satisfaz uma clara necessidade jurídica: propicia-nos mais um

estudo fundamental para uma abordagem completa, integrada e consistente do confisco alargado, máxime para a urgente implementação de um verdadeiro sistema de confisco alargado no Brasil. As propostas formuladas em ordem a corrigir as insuficiências do projeto são coerentes e constituem um excelente acervo dogmático para o futuro desenvolvimento do confisco alargado, em particular se o legislador brasileiro aproveitar a suas sensatas reflexões. As interrogações colocadas, fruto da louvável e desejável inquietude de um qualquer jurista, são, por seu turno, terreno fecundo para o aprofundar do debate e da discussão, indispensáveis ao progresso da ciência jurídica. A relativa juventude normativa e científica do problema (no caso brasileiro ainda é uma mera proposta) levanta, como já referimos, várias questões, que necessitam urgentemente de uma resposta consistente e, porventura, de retoques legislativos.

A obra parte, como não podia deixar de ser, das normas jurídicas existentes, das propostas para a sua alteração e da doutrina portuguesa e brasileira (oportunamente invocada para justificar e valorizar o seu raciocínio), mas não omite alguns exemplos internacionais, latentes num mundo cada vez mais global (na área do confisco, devido à intervenção dos grandes fóruns internacionais, assistimos mesmo a uma crescente harmonização, quer do pensamento jurídico, quer das soluções legais adotadas). Ainda assim, apesar de todas essas influências internas e externas, o autor conseguiu resistir à tentação (quase inevitável num tempo que prefere a ação à reflexão) de demonstrar erudição inútil, através de um caudal imenso de informação supérflua e, por vezes, pouco amadurecida. O rigor e a síntese (que a doutrina e, sobretudo, a jurisprudência portuguesas tanto têm olvidado) não são um grave defeito, mas, antes, uma grande virtude. O discurso, sem evidentemente ser exaustivo ou completo, inclui a maioria dos problemas interpretativos mais importantes e carecidos de resposta jurídica e, sobretudo, aponta caminhos para o futuro, como seria de esperar perante um projeto de lei, que ainda está a ser debatido. As considerações *de iure constituendo*, apontando as falhas daquele projeto, desempenham, mesmo, um papel central nesta obra: um processo penal dirigido para as consequências patrimoniais do facto ilícito típico cometido, em especial para o confisco alargado, requer outra regulação penal e, sobretudo, outras ferramentas processuais e outros instrumentos institucionais. Daí as preocupações com a flagrante ausência de normas relativas à investigação patrimonial e financeira e ao fortalecimento dos órgãos encarregados do exercício de tais funções: sem elas, o confisco alargado não passará de uma miragem enganadora.

A mundividência do Autor, enquanto magistrado do Ministério Público, aflora no diálogo frutuoso com a lei (mesmo quando ainda se trata de um simples projeto), com a doutrina (nacional e internacional) e com a jurisprudência (portuguesa e brasileira) e nas propostas que só quem sabe como as coisas funcionam na prática pode fazer. Todos eles contribuem, embora em diferentes proporções, para o equilíbrio do resultado final. A narrativa não é excessivamente filosófica ou dogmática, exclusivamente normativista, nem, muito menos, demasiadamente casuísta. Desta forma, a obra recebe o contributo de todas estas vertentes do pensamento jurídico, imprescindíveis para a desejável realização da justiça no caso concreto.

Em suma, são teses como esta que contribuem para uma melhor legislação, para o progresso da ciência global do direito penal e, em consequência, também para uma justiça melhor.

Como diria Chico Buarque:

Sei que há léguas a nos separar
Tanto mar, tanto mar
Sei também quanto é preciso, pá
Navegar, navegar [...]

Mas só assim, só munidos com bússolas como esta, podemos navegar, navegar e assim superar o caminho que nos separa.

João Conde Correia
(Doutor em ciências jurídico-criminais
pela Faculdade de Direito da Universidade de Coimbra;
magistrado do Ministério Público português)

SUMÁRIO

INTRODUÇÃO

Durante muito tempo, o confisco de bens foi relegado a um papel secundário na persecução penal. A atenção ao patrimônio do investigado era voltada apenas para a comprovação da materialidade e da autoria do crime.[1] Contudo, verifica-se o redirecionamento da atenção estatal para a persecução patrimonial no Brasil e em outros países desde que o tema foi destacado pela sociedade internacional na forma de tratados e convenções, espraiando-se pelos respectivos ordenamentos jurídicos.

Ao menos três importantes convenções enfocam especificamente o tema – Convenção das Nações Unidas contra o Tráfico Ilícito de Estupefacientes e de Substâncias Psicotrópicas, Convenção das Nações Unidas contra a Criminalidade Organizada Transnacional e Convenção das Nações Unidas contra a Corrupção –, tratando, de modo mais especial, da necessidade de os países reforçarem os instrumentos de apreensão de bens e implementarem medidas de cooperação internacional.

Exemplos de mudança de comportamento nesse sentido já são observados no ordenamento brasileiro. Classicamente, o

---

1. VERVAELE, John A. E. **Les sanctions de confiscation en Droit Pénal:** un intrus issu du droit civil? Une analyse de la jurisprudence de la CEDH et de la signification qu'elle revêt pour le droit (procédural)pénal néerlandais. Disponível em: <http://dspace.library.uu.nl>. Acesso em: 11 ag 2016.

regime jurídico destinado ao confisco no Código Penal permitia exclusivamente a perda de produtos e de instrumentos de crimes. Em 2012, uma nova hipótese de perda foi adicionada ao art. 91 do Código Penal, possibilitando alcançar também bens do patrimônio lícito do condenado, equivalentes ao produto ou proveito do crime. O confisco por equivalência ou subsidiário, inserido no §1º do art. 91 do Código Penal, reflete a tendência internacional, adotando a perda de bens mesmo aos não associados ao crime.

A tramitação de projetos legislativos a respeito do tema indica que a última alteração não representa o respectivo limite. Fruto de iniciativa popular, capitaneada pelo Ministério Público Federal no contexto da Operação Lava Jato, o art. 4º do Projeto de Lei (PL) nº 4.850/2016 visa alterar esse quadro jurídico, adicionando mais uma hipótese de confisco, com a inserção do art. 91-A ao Código Penal. O PL propõe nesse artigo que, em caso de condenação pela prática de crimes taxativamente previstos, todo o patrimônio do condenado, cuja origem não puder ser comprovada por rendimento lícito, será confiscado.

A presente dissertação se insere nesse contexto e tem como objeto a estrutura prevista para o confisco alargado, proposta no PL nº 4.850/2016. Para tanto, utiliza-se como elemento de crítica principal o instituto similar vigente em Portugal, que serviu de base à elaboração desse PL.

Considerando a relação entre o documento brasileiro e o instituto português, ante as lacunas já observadas, este trabalho tem como problema de pesquisa o seguinte: a abordagem do confisco alargado no PL nº 4.850/2016 incorpora com êxito o correspondente modelo português?

O objetivo geral do trabalho é analisar, comparativamente, os dispositivos do art. 4º do PL nº 4.850/2016 e da Lei nº 5/2002 portuguesa, para identificar eventuais omissões ou divergências que possam influenciar a aplicação do novo instituto do confisco alargado no país. Os objetivos específicos são: descrever a evolução teórica do confisco alargado de bens nas principais convenções internacionais e a respectiva consolidação na União Europeia; verificar a estrutura do confisco alargado de bens em Portugal, denominado perda alargada, introduzido e consolidado nas Leis nº 5/2002 e nº 45/2011; analisar os limites atuais do regime de confisco vigente no Código Penal brasileiro; cotejar o PL nº 4.850/20106 com as Leis nº 5/2002 e 45/2011, avaliando pontos de convergência e de divergência.

A pesquisa utilizou como marco teórico as obras de Tiago Cintra Essado e Solon Cícero Linhares como estudo da proposta de confisco alargado no Brasil e as obras de João Conde Correia sobre o instituto equivalente em Portugal.

O tema é relevante porque envolve o enriquecimento ilícito derivado da prática de crimes lucrativos, consumados, em geral, no contexto de crimes de colarinho branco. Esses crimes permitem inserção de tais bens e recursos na economia formal, gerando o sentimento disseminado de que o crime compensa. Recebe importância, também, por envolver instrumento que exibe experiências exitosas no Direito Comparado que podem servir de reflexão ao legislador brasileiro.

Metodologicamente, a pesquisa é classificada como bibliográfica, porque foram consultadas publicações nacionais e internacionais sobre o tema, visando compor o referencial teórico que permitisse o cumprimento do objetivo proposto. A fundamentação teórica relativa à parte internacional foi pesquisada na Universidade Católica Portuguesa, no Ministério Público Português, em Lisboa, e na Faculdade de Direito de Coimbra, em janeiro de 2017, onde também houve oportunidade de se discutir aspectos do tema com professores que pesquisam sobre o instituto. A pesquisa contou ainda com visita de estudo em

Portugal, na Universidade Católica Portuguesa e no Ministério Público de Portugal, em janeiro de 2017.

O trabalho encontra-se estruturado em quatro capítulos. Como ocorreu o processo evolutivo de amadurecimento do confisco alargado e quais argumentos podem ser identificados para o acolhimento do instituto nos ordenamentos nacionais? O primeiro capítulo visa responder este questionamento. Em primeiro plano, o estudo apresenta a classificação de João Conde Correia a respeito dos modelos de constrição de bens para após demonstrar a evolução do instituto em tratados internacionais e sua implementação progressiva na União Europeia. Em seguida, identificar-se-ão os fatores que levaram ao incremento da utilização de medidas de confisco pelos ordenamentos nacionais. Sob a ótica da Análise Econômica do Direito, o instrumento apresenta vantagens à repressão de crimes lucrativos, na medida em que aumenta o custo de oportunidade do criminoso de aventurar-se na empreitada delitiva ou de continuar nela, além de permitir o financiamento das atividades de investigação com o resultado financeiro do confisco. O incremento das medidas de confisco identifica-se, também, com o movimento de expansão da tutela penal de direitos difusos e do Direito Penal Econômico.

O segundo capítulo analisa a legislação sobre a perda alargada vigente em Portugal, modelo utilizado como parâmetro de análise do PL nº 4.850/2016 e que decorre da influência direta do movimento de persecução patrimonial na União Europeia. O instituto português é estudado em razão de ele ter sido a fonte para a elaboração do PL nº 4.850/2016. Pretende-se demonstrar a estrutura e os requisitos do instituto, o catálogo de crimes, o objeto do confisco, a discussão a respeito de sua compatibilidade com a Constituição de Portugal, além de examinar os órgãos atrelados à perda alargada: o Gabinete de Recuperação de Activos e o Gabinete de Administração de Bens

No terceiro capítulo, analisa-se o modelo de confisco penal previsto no ordenamento brasileiro, passando pelo que se compreende como sua natureza jurídica, pelos institutos processuais postos à disposição para a garantia de sua eficácia, pelos princípios a ele atinentes e pelo standard probatório utilizado para a decisão judicial de perda de bens. Pretende-se delinear os contornos do regime vigente de perda de bens, deixando mais evidente a ausência de instituto semelhante ao reconhecido como confisco alargado.

No quarto capítulo, os principais aspectos do PL nº 4.850/2016 são estudados, a exemplo do rol de crimes, do rito, do limite temporal e do *standard* probatório. As conclusões e aportes dos capítulos anteriores servirão para a análise crítica do projeto em discussão. Examina-se o projeto com base, principalmente, no modelo português, permitindo-se identificar simetrias, omissões e divergências que podem afetar a implementação do instituto.

Capítulo

1

CONFISCO ALARGADO

Os atributos atualmente concebidos ao que se compreende como confisco alargado são resultado de um processo histórico de repressão do Direito a crimes lucrativos, situados ordinariamente no Direito Penal Econômico, e do movimento de harmonização de normas penais na União Europeia. O primeiro capítulo é dedicado a estudar este processo de consolidação do instituto que se convencionou a denominar como confisco alargado.

1.1 CONCEITO E DELIMITAÇÃO DO OBJETO

1.1.1 Confisco clássico

De acordo com o Dicionário Houaiss, confiscar é o ato de "obter forçadamente ou com ameaça de punição em proveito do fisco ('erário')" ou "tomar para o fisco".[1] No sentido jurídico, o termo representa o ato de transferência coercitiva dos

1. HOUAISS, Antônio; VILLAR, Mauro de Salles. **Dicionário Houaiss da língua portuguesa**. Rio de Janeiro: Objetiva, 2009, p. 519, verbete.

bens ao patrimônio do Estado.[2]O confisco no Código Penal é tratado ora como efeito da condenação penal, ora como pena autônoma.[3] O primeiro sentido é reservado ao tratamento dado pelos art. 91, inciso II, alíneas a e b, do Código Penal, e reproduzido na legislação especial, a exemplo do art. 7º, inciso I, Lei 9.613/1998; o segundo é reservado à hipótese de sanção prevista no art. 43, inciso II, do Código Penal.

Os termos confisco, perdimento e perda utilizados neste estudo referem-se aos efeitos da condenação e à finalidade de retirar do patrimônio de determinada pessoa o bem que nele ingressou de modo escuso. A expressão "pena de confisco" reserva-se, apenas, para as hipóteses em que a expropriação decorre de sanção direta e principal, advinda do campo penal.[4]

Mesmo após a redução da abrangência do termo "confisco", encontram-se duas hipóteses distintas de perda de bem no Código Penal: a perda do instrumento do crime e a perda do produto do crime. O Código Penal prevê a expropriação do instrumento do crime se o fabrico, a alienação, o uso, o porte ou a detenção constituírem fato ilícito.[5] O ponto importante aqui não é a origem da aquisição do bem, mas a contrariedade ao ordenamento, expressa nos verbos previstos na legislação: fabricar, alienar, usar, portar ou deter. Não é permitida, por exemplo, a perda do bisturi utilizado pelo médico para o

---

2. SILVA, De Plácido. **Vocabulário jurídico**. Rio de Janeiro: Forense, 2008, p. 342, verbete.
3. ESSADO, Tiago Cintra. **A perda de bens e o novo paradigma para o processo penal brasileiro.** Rio de Janeiro: Lumen Juris, 2015, p. 7.
4. A delimitação conceitual da dissertação segue a divisão apresentada por Tiago Cintra Essado. ESSADO, Tiago Cintra. **A perda de bens e o novo paradigma para o processo penal brasileiro**. Rio de Janeiro: Lumen Juris, 2015, p. 7.
5. BRASIL. Código Penal. Decreto-Lei nº 2.848, de 7 de dezembro de 1940. Brasília, DF, 7 dez. de 1940. Disponível em: <www.planalto.gov.br>. Acesso em 25 out 2017.

crime de homicídio, posto que lhe é dado o uso do bem para sua profissão. Por outro lado, a arma utilizada por quem não detém sua posse ou registro é revertida em favor da União, em razão da utilização de tal bem depende de ato administrativo autorizativo.

O Código Penal elege como hipótese derradeira a perda do produto do crime.[6] O critério é a vedação ao locupletamento ilícito[7], atingindo o bem que ingressou no patrimônio do criminoso por conta da conduta delitiva, ainda que indiretamente. Dessa forma, o veículo dado ao funcionário como corrupção, por exemplo, será convertido em favor da União, assim como eventual dinheiro obtido de sua venda pelo agente corrompido.

A atenção deste estudo reserva-se ao o confisco penal dirigido à perda de alguma vantagem decorrente de atividade criminosa, o qual é tratado no art. 91, inciso II, alínea *b* do Código Penal e de modo difuso na legislação especial.

Os vocábulos "confisco", "perdimento" e "perda" são utilizados no texto com o mesmo sentido das expressões em inglês *confiscation* e *forfeiture*, encontradas na Convenção contra o Tráfico Ilícito de Entorpecentes e Substâncias Psicotrópicas,[8] denominada Convenção de Viena de 1988; na Convenção das Nações Unidas contra a Corrupção, denominada Convenção

6. Art. 91, inciso II, alínea b, Código Penal.
7. PRADO, Luiz Regis. **Curso de Direito Penal Brasileiro**. Parte Geral. São Paulo: Revista dos Tribunais, 2010, p. 632.
8. Convenção concluída em Viena, a 20 de dezembro de 1988. Incorporada ao ordenamento pelo Decreto nº 154, de 26 de junho de 1991, após aprovação do Congresso Nacional pelo Decreto Legislativo nº 162, de 14 de junho de 1991. Trecho extraído da versão incorporada ao ordenamento: "Art. 1 (e) Por confisco se entende a privação em caráter definitivo, de algum bem, por decisão de um tribunal ou de outra autoridade competente." Trad. Livre de: *Art. 1 (f) Confiscation, which includes forfeiture where applicable, means the permanent deprivation of property by order of a court or other competent authority.*

de Mérida,[9] e na Convenção das Nações Unidas contra o Crime Organizado Transnacional, denominada Convenção de Palermo.[10]

Faz-se necessária esta abordagem conceitual para se depurar o objeto de estudo, tarefa que ainda assim não se mostra completa para desenvolver o tema que dispensa a atenção principal desta dissertação: o confisco alargado.

1.1.2 Confisco alargado

O movimento de combate ao lucro decorrente da atividade criminosa originou diversos instrumentos de persecução patrimonial que buscam atingir o patrimônio ilícito de organizações criminosas, sem exigir a vinculação com a condenação penal ou a qualificação dos bens como produtos ou instrumentos de crime. João Conde Correia classifica tais instrumentos em quatro modelos de constrição patrimonial, denominados, gene-

9. Convenção concluída em 31 de outubro de 2003 pela Assembleia-Geral das Nações Unidas. Incorporada ao ordenamento pelo Decreto nº 5.687, de 31 de janeiro de 2006, após aprovação do Congresso Nacional pelo Decreto Legislativo nº 348, de 18 de maio de 2005. Trecho extraído da versão incorporada ao ordenamento: "Art. 2 (g) Por confisco se entenderá a privação em caráter definitivo de bens por ordem de um tribunal ou autoridade competente". Trecho traduzido da versão em inglês: "Art. 2 (g) 'Confiscation', which includes forfeiture where applicable, shall mean the permanent deprivation of property by order of a court or other authority competente".
10. Convenção concluída em 15 de novembro de 2000 em Nova York. Incorporada ao ordenamento pelo Decreto nº 5.015, de 10 de março de 2004, após aprovação do Congresso Nacional pelo Decreto Legislativo nº 231, de 29 de maio de 2003. Trecho extraído da versão incorporada ao ordenamento: Art. 2 (g) 'Confisco' – a privação em caráter definitivo de bens, por decisão de um tribunal ou outra autoridade competente. Trecho traduzido da versão em inglês: "Art. 2 (g) 'Confiscation, which includes forfeiture where applicable, shall mean the permanent deprivation of property by order of a court or other competent authority".

ricamente, de confisco alargado, em razão de eles dilatarem o espaço de atuação do confisco clássico.[11] Apesar de relativamente díspares, todos eles, inclusive o confisco clássico, têm em comum o referencial ético de que o crime não deve compensar e apresentam, como elementos mínimos de identificação, a privação permanente de um bem e a vinculação mediata ou imediata com algum ato ilícito.[12]

O primeiro modelo é o confisco geral de bens, aplicado a partir da condenação por algum crime previamente selecionado. Não se perquire se o patrimônio é ilícito; ele será atingido mesmo que o bem comprovadamente seja lícito. Nas palavras de João Conde Correia, "a ligação entre a coisa e o crime é irrelevante". A França adota esse modelo para alguns crimes, a exemplo do tráfico de entorpecentes.[13-14]

---

11. CORREIA, João Conde. **Da proibição do confisco à perda alargada**. Lisboa: Imprensa Nacional, 2012, posição 659, versão *kindle*.

12. "Os elementos particulares do regime de confisco pode diferir de um país a outro. (...) De todo modo, dois elementos principais caracterizam o confisco: a privação permanente de um valor patrimonial e o vínculo entre este valor e a infração penal". Trad. livre de: *Les éléments particuliers du régime de confiscation peuvent différer d'un pays à l'autre. (...) Toutefois, deux éléments principaux caractérisent la confiscation: la privation permanente d'une valeur patrimoniale et le lien entre cette valeur et l'infraction penale.* PAVLIDIS, Georgio. **Confiscation Internationale**: instruments internationaux, droit de l'Union européenne, droit suisse. Schulthess: Genève, 2012, p. 4.

13. FRANÇA. Code Pénal. Art. 213-1: Nos previstos nos artigos 222-34, 222-35, 222-36, 222-37 e 222-38, pode igualmente ser reconhecido o confisco total ou parcial dos bens do condenado ou do qual ele possua livre disposição, qualquer que seja a natureza, móvel ou imóvel, divisível ou indivisível, sob reserva do direito de proprietário do terceiro de boa-fé. Disponível no link <https://www.legifrance.gouv.fr>. Acesso em: 10 agosto 2017. Tradução do autor para o seguinte trecho: "Dans les cas prévus par les articles 222-34, 222-35, 222-36, 222-37 et 222-38, peut également être prononcée la confiscation de tout ou partie des beis du condamné ou, sous réserve des droits

Próximo ao primeiro modelo, situa-se o segundo, ao determinar a perda de todos os bens de organizações criminosas, sob o fundamento de que eles podem ser direcionados à prática de novos atos criminosos.[15] Nas palavras de Tiago Cintra Essado, "esse modelo não se preocupa com a origem criminosa dos bens, porém com seu presumido emprego ilícito. Assim não há que se cogitar de demonstrar eventual nexo entre os bens e a aquisição ilícita".[16]

O terceiro modelo eleva como ponto central para o confisco a origem ou o uso ilícito da propriedade.[17] Reconhece-se, nesse modelo, um caráter real ou *in rem* em razão de não incutir, na causa de pedir, nenhum elemento a respeito da responsabilidade do proprietário ou do possuidor. Basta a demonstração de que a origem ou o uso da propriedade são contrários ao ordenamento.[18] O instrumento é essencialmente

---

du propriétaire de bonne foi, dont il a la libre disposition, quelle qu'en soit la nature, meuble ou immeuble, divis ou indivis".

14. Tiago Cintra Essado relata que os Estados Unidos apresentam idêntica medida nos seguintes instrumentos normativos: Continuing Enterprise Act(CCE), Racketeer Influenced and Corrupt Organizations Act (RICO), Comprehensive Forfeiture Act 1984 e Anti-Drug Abuse Act 1986. O procedimento é regulado no Federal Rules of Criminal Procedure, norma 32.2 (ESSADO, Tiago Cintra. **A perda de bens e o novo paradigma para o processo penal brasileiro**. Rio de Janeiro: Lumen Juris, 2015, p. 147).

15. CORREIA, João Conde. **Da proibição do confisco à perda alargada**. Lisboa: Imprensa Nacional, 2012, posição 677, versão *kindle*.

16. ESSADO, Tiago Cintra. **A perda de bens e o novo paradigma para o processo penal brasileiro**. Rio de Janeiro: Lumen Juris, 2015, p. 148.

17. ESSADO, Tiago Cintra. **A perda de bens e o novo paradigma para o processo penal brasileiro**. Rio de Janeiro: Lumen Juris, 2015, p. 158.

18. "Confisco civil não é parte de um caso criminal. No confisco civil, o autor propõe uma ação civil *in rem* contra a propriedade, e então demonstra por preponderância de evidências que a propriedade foi derivada ou é usada para a prática de crime" Trad. livre de: *Civil forfeiture is not part of a criminal case. In a civil forfeiture case, the government files a separate civil action in rem*

civil, não depende, portanto, da condenação penal e é, por isso, qualificado como *non-conviction based confiscation*, identificado pelo acrônimo NCB.[19] São exemplos do terceiro modelo: a ação civil de extinção de domínio ou as situações em que o processo penal não pode prosseguir ou ser instaurado em razão de fuga, de falecimento, de ausência ou de não identificação do autor do delito.[20]

O quarto modelo tem como objetivo a perda de bens em decorrência da presença de elementos probatórios, indicativos de que eles foram adquiridos ilicitamente. A conclusão pela origem ilícita dos bens é fundamentada na prévia condenação por crimes considerados graves e na existência de patrimônio incompatível com a renda lícita do condenado, o que permite a ilação de que eles são resultado de carreira criminosa anterior.

Funda-se, esse modelo, no raciocínio de que se uma pessoa condenada por determinados crimes apresenta patrimônio incompatível, tal desconformidade é decorrente de atividade criminosa anterior, o que permite concluir que a propriedade foi obtida ilegalmente. Assim, a despeito de tal constatação não permitir a aplicação de alguma sanção penal típica, a

against the property itself, and then proves by a preponderance of evidence that the property was derived from or was used to commit a crime. CASSELLA, Stefan D. An overview of asset forfeiture in the United States. In: YOUNG, Simon N. M. **Civil forfeiture of criminal property**: legal mesures for targeting the proceeds of crime. Cheltenham: Edward Elgar, 2009, p. 41.

19. Qualificando como NCB: CORREIA, João Conde. **Da proibição do confisco à perda alargada**. Lisboa: Imprensa Nacional, 2012, posição 737, versão *kindle;* FORSAITH, James *et al.* **Study for an impact assessment on a proposal for a new legal framework on the confiscation and recovery of criminal assets.** European Union, 2012, p. 29.

20. CORREIA, João Conde. **Da proibição do confisco à perda alargada**. Lisboa: Imprensa Nacional, 2012, posição 751, versão *kindle*.

legislação autoriza o Estado a confiscar bens que superem a renda conhecida do proprietário.

Nas palavras de João Conde Correia:[21]

> Na base desta presunção está a suspeita de que o confiscado cometeu outros ilícitos, para além daquele pelo qual foi condenado, dos quais resultou aquele património injustificado ou incongruente com os seus rendimentos ilícitos. Aparentemente não há outra explicação verosímil ou plausível para o mesmo. A condenação e um património inexplicável fazem, razoavelmente, supor que foram cometidos outros crimes e que aqueles bens são o seu resultado prático mais visível.

Esse modelo diferencia-se dos dois primeiros porque exige que a acusação demonstre a origem ilícita dos bens, não sendo suficiente, portanto, a mera condenação por algum crime. Diferencia-se, também, do confisco clássico por prescindir da relação instrumental ou de origem com o crime pelo qual o réu foi condenado. Basta, como regra, a demonstração de que o acusado ou o condenado por determinado crime possui um patrimônio incompatível com sua renda declarada.[22]

Apesar de o termo "confisco alargado" referir-se aos quatro últimos modelos, em razão de todos eles expandirem os poderes confiscatórios do Estado, quando comparados ao confisco clássico, esta dissertação reserva o uso do termo apenas para o último modelo apresentado.[23] A opção segue em linha com a

---

21. CORREIA, João Conde. **Da proibição do confisco à perda alargada**. Lisboa: Imprensa Nacional, 2012, posição 698, versão *kindle*.

22. BRASIL. Ministério Público Federal. Câmara de Coordenação e Revisão. **Roteiro de Atuação**: persecução patrimonial e administração de bens. Brasília, MPF, 2017, p. 29.

23. Rodrigo Sánchez Rios e Luiz Gustavo Pujol adotam esta terminologia. SÁNCHEZ RIOS, Rodrigo; PUJOL, Luiz Gustavo. Confisco Alargado: reflexões

conceituação legal apresentada no art. 5º da Diretiva 2014/42/UE do Parlamento Europeu e do Conselho:[24]

> Os Estados-Membros tomam as medidas necessárias para permitir a perda, total ou parcial, dos bens pertencentes a pessoas condenadas por uma infração penal que possa ocasionar direta ou indiretamente um benefício econômico, caso um tribunal, com base na circunstância do caso, inclusive em factos concretos e provas disponíveis, como as de que o valor dos bens é desproporcionado em relação ao rendimento legítimo da pessoa condenada, conclua que os bens em causa provêm de comportamento criminoso.

A expressão "confisco alargado" corresponde aos institutos correlatos da Espanha, de Portugal, da França e dos Estados Unidos, onde são denominados, respectivamente, *decomiso ampliado*,[25] "perda alargada",[26] *confiscation élargie* e *extended forfeiture*.[27]A opção caminha, por fim, na mesma direção do

---

acerca de suas possibilidades no ordenamento jurídico brasileiro. **Revista Brasileira de Ciências Criminais**, v. 118, 2016, p. 123-158.

24. UE. UNIÃO EUROPEIA. Diretiva 2014/42/UE do Parlamento Europeu e do Conselho, de 3 de abril de 2014. **Jornal Oficial da União Europeia.** Disponível em: <www.eur-lex.europa.eu>. Acesso em 25 out. 17. No mesmo sentido: FORSAITH, James *et al.* **Study for an impact assessment on a proposal for a new legal framework on the confiscation and recovery of criminal assets. European Union**, 2012, p. 29.
25. ESPAÑA. Boletín Oficial del Estado. nº 77, 31 de marzo de 2015, p. 27.065. Justificativa do projeto que incluiu o art. 127 bis ao Código Penal Espanhol. Disponível no link: <https://boe.es>. Acesso em: 23 ago. 2017. No mesmo sentido: AGUADO CORREA, Teresa. Comiso: crónica de una reforma anunciada. **Revista para el Análisis del Derecho,** n.1,2014.
26. CORREIA, João Conde. **Da proibição do confisco à perda alargada**. Lisboa: Imprensa Nacional, 2012, posição 698, versão *kindle*.
27. SIMÕES, Euclides Dâmaso; TRINDADE, José Luís F. Recuperação de Activos: da perda ampliada à *actio in rem* (virtudes e defeitos de remédios fortes para patologias graves). **Revista Julgar *On Line*,** 2009, p. 2.

PL nº 4.850/2016, que denomina confisco alargado o instituto com estrutura similar à indicada no quarto modelo e do Roteiro de Persecução Patrimonial e Administração de Bens do Ministério Público Federal.[28]

A descrição geral dos tipos de confisco serve para evitar a comparação com outros modelos díspares ou até desconexos. O cerne da dissertação é o confisco alargado, tratado no quarto modelo descrito acima.

O instituto do confisco alargado consolidou-se com a orientação da sociedade internacional para a adoção de medidas de persecução patrimonial como meio de reprimir condutas criminosas lucrativas.[29] Essa perspectiva pode ser extraída da influência convergente de três tratados internacionais e de atos normativos União Europeia e fez com que o instituto se espraiasse para outros países. É o tema tratado na sequência.

1.2 TRATADOS INTERNACIONAIS E ATOS DA UNIÃO EUROPEIA

O confisco alargado não surgiu por tratados ou atos normativos da União Europeia. Identifica-se o instituto já em 1970, nos Estados Unidos, seguido do Reino Unido, em 1986, e da Austrália, em 1987.[30] A despeito da ausência de protagonismo da sociedade internacional sobre o tema, a razão

---

28. BRASIL. Ministério Público Federal. Câmara de Coordenação e Revisão, **Roteiro de Atuação**: persecução patrimonial e administração de bens. Brasília, MPF, 2017, p. 29.

29. VERVAELE, John A. E. **Les sanctions de confiscation en Droit Pénal: un intrus issu du droit civil?** Une Analyse de la Jurisprudence de la CEDH et de la signification qu'elle revêt pour le droit (procédural) pénal néerlandais. Disponível em: <http://dspace.library.uu.nl.> Acesso em: 11 ago. 2016.

30. GODINHO, Jorge. Brandos costumes? O confisco penal com base na inversão do ónus da prova (Lei nº 5/2002, de 11 de janeiro, artigos 1º e 7º

para o desenvolvimento deste tópico repousa na justificativa de que foi por meio dos tratados e dos atos normativos da União Europeia que o instituto do confisco alargado e, principalmente, seus requisitos foram refinados, servindo, a partir de então, de referência para outros países.

1.2.1 Tratados internacionais

A inserção do confisco alargado no combate aos crimes econômicos levou quatro acordos internacionais a direcionarem sua atenção às medidas de recuperação de bens. No âmbito restrito da Europa, a Convenção Relativa ao Branqueamento, Detecção, Apreensão e Perda dos Produtos do Crime, do Conselho da Europa, assinada em 1990, determinou que todos os Estados deveriam comprovar a implementação de medidas necessárias ao confisco do instrumento, produto ou proveito do crime (art. 2º).

De alcance universal, a Convenção de Viena de 1988 foi incisiva no combate às drogas e mencionou em seu texto, diversas vezes, a importância da recuperação de ativos para o sucesso da repressão e prevenção desejadas. No preâmbulo, reconheceu que o tráfico gera "consideráveis rendimentos financeiros e grandes fortunas" que permitem contaminar todos os setores da sociedade e que o produto do crime é "o principal incentivo a essa atividade", justificando os esforços para o perdimento de bens. No parágrafo 7º do art. 5º, adotou uma medida próxima aos contornos atuais do confisco alargado. Dispôs, no parágrafo 7 do art. 5º:

> 7. Cada Parte considerará a possibilidade de inverter o ônus da prova com respeito à origem lícita do suposto produto

---

a 12º). In: ANDRADE, Manuel da Costa *et al* (orgs). **Liber discipulorum para Figueiredo Dias.** Coimbra: Coimbra, 2003, p. 1321.

> ou outros bens sujeitos a confisco, na medida em que isto seja compatível com os princípios de direito interno e com a natureza de seus procedimentos jurídicos e de outros procedimentos.

Embora nem todos os elementos do instituto estejam ali descritos, vê-se no dispositivo a sugestão para que os países implementem o confisco alargado nos respectivos ordenamentos. A interpretação oficial do artigo ratifica o sentido do dispositivo:[31]

> 5.54 O que está sugerido no parágrafo é a inversão do ônus da prova em relação a ativos de origem ilícita [...] A corte ou outra autoridade competente pode presumir, na ausência de prova em contrário, que os bens relacionados com o tráfico ilícito ou outros ativos foram adquiridos ilicitamente. Será a pessoa proprietária dos bens a responsável por afastar a origem ilícita. O legislador nacional deverá determinar como, e atendendo a qual *standard* probatório, isso deve ser feito. É provável que a legislação adotando esta abordagem será considerada compatível com as normas de direito internacional dos direitos humanos, uma vez que a pessoa acusada disporá de oportunidade suficiente par para afastar a presunção.

---

31. UNITED NATIONS. **Commentary on the United Nations Convention against illicit traffic in narcotic drugs and pshychotropic substances**. United Nations Publication, 1998, p. 136.Trad.livre de: 5.54 *What is suggested in the paragraph is a reversal of the onus of proof in respect of the lawful origin of the proceeds (...) The court (...) may be required or enabled to presume, in the absence of proof to the contrary, that assets alleged to be proceeds of illicit trafficking or other property liable to confiscation were indeed acquired illicitly. It will be for the person whose property is under threat of confiscation to establish the lawful origins of the assets. The national legislator will have to determine how, and to what standard of proof, this must be done. It is probable that legislation adopting this approach will be considered compatible with international human rights norms, provided that there is a sufficient opportunity for the accused person to rebut the presumption.*

Em 2000 e 2003, as Convenções de Palermo e de Mérida foram adotadas visando, principalmente, a repressão internacional ao crime organizado transnacional e à corrupção. Como na Convenção de Viena, elas repetiram a norma a respeito do confisco alargado, prevendo a possibilidade de os países incorporarem o instituto aos respectivos ordenamentos:

> Convenção de Palermo. Parágrafo 7º, art. 12: Os Estados Partes poderão considerar a possibilidade de exigir que o autor de uma infração demonstre a proveniência lícita do presumido produto do crime ou de outros bens que possam ser objeto de confisco, na medida em que esta exigência esteja em conformidade com os princípios do seu direito interno e com a natureza do processo ou outros procedimentos judiciais.
>
> Convenção de Mérida. Parágrafo 8º, art. 31: Os Estados Partes poderão considerar a possibilidade de exigir de um delinquente que demonstre a origem lícita do alegado produto de delito ou de outros bens expostos ao confisco, na medida em que ele seja conforme com os princípios fundamentais de sua legislação interna e com a índole do processo judicial ou outros processos.

Fora do âmbito dos tratados, o Grupo de Ação Financeira contra a Lavagem de Dinheiro, identificado pelo acrônimo GAFI, ou *Financial Action Task Force* (FATF), na versão em inglês, expediu 40 Recomendações aos países-membros, as quais foram revisadas nos anos seguintes. A quarta recomendação orienta os países do grupo a adotarem medidas de confisco sem necessidade de condenação criminal "ou que requeiram que o ofensor demonstre a origem lícita da propriedade vinculada ao confisco, na extensão permitida no direito doméstico".[32] A

32. FATF. **International standards on combating money laundering and the financing of terrorism & proliferation**. Paris: FATF, 2015, p. 12. Dis-

recomendação foi reforçada pelo grupo dos oito países mais desenvolvidos[33] e pelo Conselho de Segurança da Organização das Nações Unidas, tendo esse conclamado todos os países a implementarem tais orientações.[34]

Apesar do avanço, em nenhum desses acordos internacionais os elementos que identificam o confisco alargado são indicados em sua integralidade. Apesar da interpretação oficial da Convenção de Viena tratar o instituto com maior detalhamento, as citações à presunção de ilicitude, à inversão do ônus da prova e à possibilidade de alcançar outros bens, que não apenas os identificados diretamente como produto do crime, representam um movimento embrionário do instituto que, posteriormente, foi adotado por outros países. Em verdade, somente a partir de atos da União Europeia, influenciada pela experiência exitosa da Itália,[35] é que a proposta do confisco alargado passou a ser mais detalhada e a receber a estrutura que é concebida atualmente, como será estudado a seguir.

---

ponível no link <http://www.fatf-gafi.org> Acesso em: 10 abr 2017. Trad. livre de: *Countries should consider adopting measures that allow such proceeds or instrumentalities to be confiscated without requiring a criminal conviction (non-conviction based confiscation), or which require an offender to demonstrate the lawful origin of the property alleged to be liable to confiscation, to the extent that such a requirement is consistent with the principles of their domestic law.* O GAFI é um organismo internacional criado pelo grupo dos sete países mais desenvolvidos economicamente do mundo (G7) com o objetivo de realizar o monitoramento de medidas de lavagem de dinheiro.

33. G-8 Countries. **Best Pratice Principles on Tracing, Freezing and Confiscation of Assets**. S/d, p. 4. Disponível em: <https://www.coe.int.> Acesso em: 28 maio 2016.

34. UNITED NATIONS. **Security Council Resolution** nº 1.617, de 29 de julho de 2005. Disponível em: <http://www.un.org> Acesso em: 13 ago. 2017.

35. FORSAITH, James ***et al.*** **Study for an impact assessment on a proposal for a new legal framework on the confiscation and recovery of criminal assets European Union**. Rand Coporation, 2012, p. 2.

1.2.2 Atos da União Europeia

Ao lado da previsão mais geral da possibilidade de perda de bens, a União Europeia passou a estimular e a instar os Estados do bloco a adotarem medidas mais concretas de confisco alargado. De 2005 a 2014, duas decisões-quadro[36] e uma diretiva elencaram o rol de crimes e descreveram os regramentos mínimos a serem adotados por cada legislação.[37]

Antes desses três atos, outros documentos influenciaram o desenvolvimento do confisco alargado no continente europeu. Em 3 de maio de 2000, o Conselho Europeu de Amsterdã apresentou um plano de ação contra a criminalidade organizada. Denominado de "Prevenção e Controlo da Criminalidade Organizada: Estratégia da União Europeia para o Início do Novo Milênio", o documento estabelece, no capítulo 2.7, medidas de detecção e de confisco dos produtos do crime. As recomendações nº 16, 19 e 20 preveem normas mínimas para o reconhecimento mútuo de confisco, possibilidade de que fossem adotadas regras menos rigorosas em matéria de ônus da prova da origem do bem e possibilidade de se declarar a perda, nos casos de morte ou de fuga do criminoso.[38] Em 4 e 5 de novembro de 2004, o Conselho Europeu de Bruxelas adotou um novo programa,

---

36. As decisões-quadro não apresentam efeito direto sobre os países; servem apenas de vinculação quanto ao resultado que os Estados-membros devem alcançar, conforme art. 34, parágrafo 2º, Tratado da União Europeia.

37. A União Europeia dispõe dos seguintes atos: o regulamento, as diretivas, as decisões, as decisões-quadro e as recomendações. As diretivas e as decisões-quadro não possuem efeito vinculante. LINHARES, Solon Cícero. **Confisco de bens**: uma medida penal, com efeitos civis contra a corrupção. São Paulo: Revista dos Tribunais, 2016, p. 136.

38. UE. União Europeia. **Conselho Europeu de Amsterdã**. Prevenção e Controlo da Criminalidade Organizada: estratégia da União Europeia para o início do novo milênio. Bruxelas, 3 de maio de 2000. Disponível em: <http://eur-lex.europa.eu>. Acesso em: 3 set. 2017.

intitulado Programa de Haia, cujo objetivo primordial era garantir a todos os cidadãos um espaço de liberdade, de justiça e de segurança, ressaltando a necessidade de cooperação jurídica entre todos os membros e de combate ao crime organizado.[39]

Em 24 de fevereiro de 2005, o Conselho da União Europeia editou a Decisão-Quadro 2005/212/JAI, ressaltando no primeiro parágrafo do preâmbulo que o combate eficaz da criminalidade organizada deve centrar esforços para atingir a sua principal motivação, o lucro. Sob o título "poderes alargados de declaração de perda", o Conselho indicou, no art. 3º, parágrafo 2º, três hipóteses alternativas de perda de bens que os membros do bloco deveriam adotar no ordenamento interno: quando os bens fossem incorporados como produto de atividade criminosa praticada anteriormente; quando os elementos probatórios indicassem que os bens foram adquiridos por meio de atividades semelhantes do condenado em período anterior à condenação ou quando o valor dos bens fosse desproporcional ao rendimento lícito, e um tribunal nacional estivesse persuadido de que eles foram adquiridos por meio da atividade criminosa do condenado.

O caráter inovador do ato repousa na extensão da perda. Nas palavras da Comissão da União Europeia:[40]

> Em todos os casos, é permitida a declaração de perda de bens obtidos a partir de actividades criminosas que não estejam directamente relacionadas com a infração pela qual

39. UE. União Europeia. **Conselho Europeu de Bruxelas**. Disponível em: <http://www.consilium.europa.eu> Acesso em: 10 abr 2017.

40. UE. União Europeia. **Relatório da Comissão com base no artigo 6º da Decisão-Quadro do Conselho,** de 24 de fevereiro de 2005, Relativa à perda de produtos, instrumentos e bens relacionados com o crime (2005/212/JAI). COM/2007/0805 final. 2007, p. 6. Disponível em: <http://www.eur-lex.europa.eu>. Acesso em: 3 set. 2017.

> uma pessoa é condenada. Isto significa que não há um nexo entre a infracção que dá origem à condenação e bem que é objecto da perda, nem quanto à sua natureza, nem quanto ao seu montante. Trata-se do princípio de poderes alargados de declaração de perda dos bens do condenado.

Os poderes alargados atingiam os seguintes crimes: terrorismo, organização criminosa com atuação na contrafação de moeda, lavagem de dinheiro, tráfico de seres humanos, trânsito e residência irregulares, exploração sexual de crianças e pornografia infantil, tráfico de drogas. Exigia-se, ainda, que a conduta criminosa gerasse proventos financeiros e estivesse necessariamente vinculada à organização criminosa.

É importante registrar que a Decisão-Quadro não acolheu a proposta inicial apresentada pela Dinamarca. Mais incisiva, essa proposta previa o confisco de parte ou de todo o patrimônio do condenado, quando o ato, pelo qual a pessoa foi condenada, fosse punível por mais de seis anos de prisão e tivesse o potencial de gerar relevantes proveitos econômicos. A perda não ocorreria se o proprietário comprovasse que o bem foi adquirido legitimamente.[41]

Apesar do detalhamento e do ineditismo, a Decisão-Quadro 2005/212/JAI não abordou temas sensíveis, como o *standard* probatório exigido para o confisco ou a perda de bens em nome de terceiros. Críticas foram feitas, também, para o caráter restrito do rol de crimes e para a limitação de algumas das hipóteses de confisco.[42]

---

41. UE. União Europeia. **Documento nº E2060**. Initiative of the Kingdom of Denmark with a view to the adoption of a council framework decision on confiscation of crime-related proceeds, instrumentalities and property. 2002. Disponível em:<http://www.eur-lex.europa.eu>. Acesso em: 3 set. 2017.

42. FORSAITH, James ***et al.*** **Study for an impact assessment on a proposal for a new legal framework on the confiscation and recovery of criminal assets. European Union**, 2012.

Em 26 de outubro de 2006, o Conselho da União Europeia editou a Decisão-Quadro 2006/783/JAI. A alteração de relevância nesse estudo ocorreu no contexto do reconhecimento mútuo às decisões de perda, selecionando crimes para os quais não seria exigida a dupla incriminação: participação em organização criminosa, terrorismo, tráfico de seres humanos, exploração sexual de crianças e pornografia infantil, tráfico de estupefacientes e de substâncias psicotrópicas, tráfico de armas, munições e explosivos, corrupção e outros. O ato, contudo, nada tratou a respeito da obrigatoriedade do reconhecimento mútuo de decisões que apliquem o confisco alargado.

Em 6 de dezembro de 2007, o Conselho publicou a Decisão 2007/845/JAI exortando a criação de um órgão especializado na recuperação de bens "para efeito de facilitar a detecção e identificação dos produtos e outros bens susceptíveis de serem objeto de uma ordem de congelamento, apreensão ou perda".[43] O ato foi estimulado pela criação da Rede Camden Inter-Serviços de Recuperação de Bens (CARIN), pela Áustria, Bélgica, Alemanha, Irlanda, Países Baixos e Reino Unido (parágrafo nº 5 do preâmbulo), destinada a reunir redes de contato de especialistas em identificar e confiscar bens e promover o intercâmbio de medidas de investigação financeira ou patrimonial.

Em 20 de novembro de 2008, a Comissão da União Europeia apresentou um diagnóstico mais completo a respeito da implementação das decisões-quadro e da harmonização das legislações nacionais a respeito do confisco. Constatou que os países membros possuem normas díspares em matéria de confisco alargado e reconhecimento mútuo de decisões de congelamento e confisco, dificultando a eficácia das disposições

43. Em 2010, 22 Estados já possuíam ofício especializado na condução de investigação patrimonial.

no continente europeu. Ponderou ao final pela reformulação do quadro legislativo da União Europeia e elencou dez prioridades ao Parlamento em torno da uniformização das hipóteses de perda de bens e da investigação financeira necessária à identificação patrimônio a ser declarado perdido.[44]

Em 25 de outubro de 2011, o Parlamento Europeu editou uma Resolução direcionada ao combate à criminalidade organizada, uma medida mais direta ao combate aos proveitos das organizações criminosas. Utilizando expressões contundentes como "actuação firme de combate ao problema" e "testa-de-ferro", exortou a Comissão da União Europeia a apresentar uma proposta de diretiva que englobasse dentre outras medidas as seguintes: (I) a implementação do confisco alargado e do confisco na ausência de condenação (II) e a redução do *standard* probatório para a perda de bens "após a condenação do infractor por um crime grave (incluindo os relacionados com a criminalidade organizada)".[45]

Em 3 de abril de 2014, o Parlamento e o Conselho europeus editaram a Diretiva 2014/42/UE. Esse ato normativo teve como base preparatória o estudo *Proposal for New Legal Framework on the Confiscation and Recovery of Criminal Assets* que considerou cinco opções políticas para tornar o confisco mais eficiente no continente europeu: (I) ausência de qualquer ação ou alteração; (II) opção não-legislativa, considerando apenas a implementação dos atos normativos já existentes; (III) opção legislativa mínima, sugerindo a consolidação das normas de reconhecimento mútuo

---

44. UE. União Europeia. Comunicação ao Parlamento Europeu e ao Conselho. **Produtos do crime organizado**: garantir que o "crime não compensa". COM/2008/0766. 2008, p.13. Disponível no link <http://eur-lex.europa.eu> Acesso em: 3 set2017.

45. UE. União Europeia. Resolução do Parlamento Europeu, de 25 de outubro de 2011, sobre a criminalidade organizada na União Europeia (2010/2309(INI)). **Jornal Oficial da União Europeia**, C131 E/66, de 8 de maio de 2013.

e a medida indicada no item anterior; (IV) opção legislativa máxima sem mudança dos atos relativos ao reconhecimento mútuo das decisões nacionais com alteração e implementação de normas direcionadas ao produto indireto do crime, implementação do *standard* civil de prova, separação dos procedimentos de confisco, implantação do confisco alargado, implementação do confisco sem condenação penal e outras alterações; (V) opção legislativa máxima com alteração das normas de reconhecimento mútuo, abrangendo todos os itens anteriores e a consolidação das normas de reconhecimento mútuo das decisões. Ao final, as opções legislativas máximas foram as indicadas pelo estudo.[46]

A Diretiva 2014/42/UE estabeleceu regras mínimas a respeito do congelamento e da perda de bens, sem prejuízo de que os países-membros adotem outra medida mais rigorosa. Tratou do confisco baseado numa condenação, do confisco não baseado numa condenação e do confisco de bens de terceiro, além do confisco alargado.[47] Reconhecendo, no parágrafo 19, que o conceito anterior de confisco alargado apresentado pela Decisão-Quadro 2005/212/JAI apresentava dificuldades para sua incorporação por cada país, o conceito do instituto – denominado "perda alargada" na versão portuguesa da Diretiva – foi simplificado no art. 5º:

> Os Estados-membros tomam as medidas necessárias para permitir a perda, total ou parcial, dos bens pertencentes a pessoas condenadas por uma infração penal que possa oca-

46. FORSAITH, James *et al.* **Study for an impact assessment on a proposal for a new legal framework on the confiscation and recovery of criminal assets.** European Union, Rand Corporation, 2012, p. 75 e 97.

47. CORREIA, João Conde. **Reflexos da Diretiva 2014/42/EU** (do Parlamento Europeu e do Conselho, de 3 de abril de 2014, sobre o congelamento e a perda dos instrumentos e produtos do crime na União Europeia) no Direito português vigente. Revista do Centro de Estudos Judiciários, 2014, nº 2, p. 94.

> sionar direta ou indiretamente um benefício económico, caso um tribunal, com base nas circunstâncias do caso, inclusive em factos concretos e provas disponíveis, como as de que o valor dos bens é desproporcionado em relação ao rendimento legítimo da pessoa condenada, conclua que os bens em causa provêm de comportamento criminoso.

A Diretiva esclareceu no parágrafo 21 do preâmbulo que a conclusão a respeito da vinculação de um bem com um comportamento criminoso pode ocorrer quando for razoável presumir que:

> [É] bastante mais provável [...] que os bens em causa tenham sido obtidos por via de um comportamento criminoso do que de outras atividades [...] O facto de os bens da pessoa serem desproporcionados em relação aos seus rendimentos legítimos poderá ser um dos elementos que levam o tribunal a concluir que os bens provêm de comportamento criminoso.

A Diretiva elaborou, ainda, um rol de infrações penais sujeitas à medida, sendo elas as seguintes: corrupção no setor público e no setor privado, falsificação de moeda, lavagem de dinheiro, terrorismo, tráfico de entorpecentes, organização criminosa, pornografia infantil, interferência ilegal em sistema de dados. Considerou a possibilidade de os Estados estenderem a aplicação do instituto a outras infrações penais, cuja pena máxima não seja inferior a quatro anos, estimulando a que o legislador nacional adote um rol aberto de crimes sujeitos à perda alargada. Nas palavras de João Conde Correia, "todos os crimes que direta ou indiretamente possam gerar benefício económico devem estar incluídos".[48] A referida Diretiva reforçou

48. CORREIA, João Conde. **Reflexos da Diretiva 2014/42/EU** (do Parlamento Europeu e do Conselho, de 3 de abril de 2014, sobre o congelamento e a perda

a adoção do *standard* probatório baseado na probabilidade da proveniência criminosa.[49]

A reunião dos tratados e dos atos normativos referidos acima constitui a base legal do confisco alargado na comunidade internacional e no continente europeu.[50] Ao longo dos anos, o instituto foi refinado no sentido de incluir um rol mínimo de crimes e métodos de *standard* probatório. O movimento influenciou diversos países que implementaram o instituto, adequando-o aos respectivos ordenamentos nacionais. A incorporação desse modelo de confisco por outros países não ocorre por acaso. São fatores para a internalização do instituto nos ordenamentos nacionais a adaptação à demanda buscada pela expansão do Direito Penal e a eficiência demonstrada pelo instituto.

1.3 PERSECUÇÃO PATRIMONIAL E BUSCA POR INSTRUMENTOS DE REPRESSÃO AOS CRIMES LUCRATIVOS

O crescente uso da persecução patrimonial para o confisco de ativos de bens obtidos por meios criminosos ocorreu

---

dos instrumentos e produtos do crime na União Europeia) no direito português vigente. Revista do Centro de Estudos Judiciários, 2014, nº 2, p. 99.

49. CORREIA, João Conde. **Reflexos da Diretiva 2014/42/EU** (do Parlamento Europeu e do Conselho, de 3 de abril de 2014, sobre o congelamento e a perda dos instrumentos e produtos do crime na União Europeia) no direito português vigente. Revista do Centro de Estudos Judiciários, 2014, nº 2, p. 99.

50. Deixo de destacar outros atos igualmente relevantes, mas que extrapolam a abordagem do tema, como a Ação Comum nº 98/428/JAI, a Ação Comum nº 98/699/JAI, a Resolução do Conselho Europeu de 21 de dezembro de 1998, a Ação Comum de 21 de dezembro de 1988, Conselho Europeu de Tampere de 1999, Decisão-Quadro do Conselho de 25 de junho de 2001, Decisão-Quadro nº 2002/475/JAI, Decisão-Quadro nº 2002/584/JAI, Decisão-Quadro nº 2003/577/JAI de 22 de julho de 2003.

por influência de fatores identificados dentro da expansão do Direito Penal e da Análise Econômica do Direito.

1.3.1 Expansão do Direito Penal

A expressão que cede o nome ao título foi cunhada por Jesús-María Silva Sánchez. De acordo com o autor, observa-se nos dias atuais uma expansão do Direito Penal sobre áreas da sociedade antes não afetadas por esse ramo do Direito. Tal fenômeno é identificado por características, como: surgimento de novos bens jurídico-penais, ampliação dos espaços de riscos jurídico-penalmente relevantes, flexibilização das regras de imputação e relativização dos princípios político-criminais de garantias. Surgem, assim, por exemplo, tipos penais relacionados com a cibercriminalidade, formação de tipos de perigo e extensão da possibilidade de imputação de novos sujeitos ativos.[51]

Influencia a expansão do Direito Penal, entre outros, a formação de uma sociedade de risco, expressão cunhada por Ulrich Beck para referir-se ao modelo de civilização marcado por riscos irreversíveis e invisíveis, distribuídos globalmente de modo desigual por todos os estratos sociais.[52] São ainda fatores que marcam esse novo movimento: a difusão do sentimento coletivo de insegurança, potencializado por novos meios de

51. SILVA SÁNCHEZ, Jesús-María. **A expansão do Direito Penal**: aspectos da política criminal nas sociedades pós-industriais. 2 ed. Trad. Luiz Otávio de Oliveira Rocha. São Paulo: Revista dos Tribunais, 2011, p. 28, 37 e 59.

52. BECK, Ulrich. Sociedade de Risco: rumo a uma outra modernidade. 2 ed. Trad. de Sebastião Nascimento. São Paulo: Editora 34, 2011, p. 27-28. SILVA SÁNCHEZ, Jesús-María. **A Expansão do Direito Penal**: aspectos da política criminal nas sociedades pós-industriais. 2 ed. Trad. Luiz Otávio de Oliveira Rocha. São Paulo: Revista dos Tribunais, 2011, p. 35.

comunicação social; a expansão dos sujeitos passivos na sociedade e a ineficiência de outras esferas de poder.[53]

Tal movimento não é inconteste na doutrina, não sendo rara a crítica de que a expansão do Direito Penal representa uma redução simplista do espaço de garantias individuais.[54]A solução passa ao largo de análise superficial entre a dicotômica discussão entre a necessidade absoluta de novos tipos penais e a expansão do Direito Penal exclusivamente resultado de uma suposta sanha do Estado por mais punição.[55]

Apesar de o confisco alargado não corresponder a um instrumento clássico do Direito Penal, ele é influenciado duplamente por tal movimento.[56]No primeiro aspecto, a expansão do Direito Penal corresponde ao florescimento da repressão à delinquência econômica. Em estudo divulgado em 27 de dezembro de 1939, Edwin H. Sutherland cunhou a expressão *white collar crimes* ou crimes de colarinho branco, para referir-se a "crime cometido por uma pessoa de respeitabilidade e alto status social no curso de sua atividade".[57] Sem pretender buscar um conceito fechado, o estudo demonstrou que os delitos encontrados na sociedade não se resumem à

---

53. SILVA SÁNCHEZ, Jesús-María. **A expansão do Direito Penal**: aspectos da política criminal nas sociedades pós-industriais. 2 ed. Trad. Luiz Otávio de Oliveira Rocha. São Paulo: Revista dos Tribunais, 2011, p. 41, 68 e 78.

54. Para uma visão das duas correntes sobre o nível desejado de atuação do Direito Penal: DÍAZ, María José Jiménez. Sociedad del Riesgo e Intervención Penal. **Revista Electrónica de Ciencia Penal y Criminología**. 2014, nº 16.

55. SILVA SÁNCHEZ, Jesús-María. **A expansão do Direito Penal**: aspectos da política criminal nas sociedades pós-industriais. 2. ed. Trad. Luiz Otávio de Oliveira Rocha. São Paulo: Revista dos Tribunais, 2011, p. 29.

56. Analisar-se-á em tópico próprio a natureza do confisco de bens. Apesar de o instrumento representar classicamente vinculação ao Direito Penal, defende-se na dissertação a identificação por sua natureza civil.

57. SUTHERLAND, Edwin H. **Crime de colarinho branco**: versão sem cortes. Trad. Clécio Lemos. Rio de Janeiro: Revan, 2015, p. 33-34.

criminalidade convencional, mas que a ela são acrescidos comportamentos igualmente criminosos. Em razão do estrato social do sujeito ativo e do grau de respeitabilidade dispensado a ele pela sociedade, esses crimes/comportamentos ficam ocultos nas estatísticas oficiais e recebem tratamento desigual pelos órgãos de repressão, a despeito das respectivas lesividades.[58] Os crimes de colarinho branco constituem, portanto, "infrações lesivas da ordem econômica cometidas por pessoas de alto nível socioeconômico no desenvolvimento de sua atividade profissional."[59]

Os crimes de colarinho branco estão inseridos no Direito Penal Econômico,[60] ramo do Direito Penal que considera, como bem jurídico, a ordem econômica e reserva atenção aos comportamentos que colocam em risco os modos de produção, de distribuição e de consumo de bens e serviços.[61] Situam-se,

58. FELDENS, Luciano. **Tutela penal de interesses difusos e crimes do colarinho branco.** Por uma relegitimação da atuação do ministério público: uma investigação à luz dos valores constitucionais. Porto Alegre: Livraria do Advogado, 2002, p. 115-116.

59. CALLEGARI, André Luís. **Direito Penal Econômico e lavagem de dinheiro**: aspectos criminológicos. Porto Alegre: Livraria do Advogado, 2003, p. 16

60. "Enfim, a forma complexa de cometimento desses delitos, suas particulares gravidade e incidência socioeconômica e a sujeição ativa característica dessa delinquência permite-nos relacioná-la, no universo do direito positivo brasileiro, àquelas infrações penais que formam parte do que se convencionou denominar Direito Penal Econômico, a abarcar, essencialmente, os crimes contra a ordem econômica, tributária, em detrimento do sistema financeiro nacional e as infrações penais que se lhes façam correlatas, tal o exemplo dos crimes de lavagem de dinheiro". FELDENS, Luciano. **Tutela penal de interesses difusos e crimes do colarinho branco**: por uma relegitimação da atuação do ministério público: uma investigação à luz dos valores constitucionais. Porto Alegre: Livraria do Advogado, 2002, p. 118.

61. SOUZA, Artur de Brito Gueiros. Da Criminologia à Política Criminal: Direito Penal Econômico e o novo Direito Penal. SOUZA, Artur de Brito Gueiros (Org.). **Inovações no Direito Penal Econômico**: contribuições

no conceito desse ramo, delitos classicamente lucrativos ou que envolvem somas altíssimas de recursos, como lavagem de dinheiro, corrupção, terrorismo, tráfico de drogas, os crimes contra o sistema financeiro nacional e os praticados no contexto da criminalidade organizada.

Pesquisas desenvolvidas nesse sentido indicam a extensão dos recursos obtidos por tais crimes. Projeções apontam que a corrupção, sozinha, tem um custo correspondente a 2% do Produto Interno Bruto Mundial (PIB), algo em torno de US $ 1,5 a 2 trilhões.[62]Além de prejuízos diretos, tal modalidade delituosa acarreta custos sociais e econômicos indiretos, como: redução da legitimidade do Estado, redução de incentivos para pagamentos de tributos, instabilidade financeira e disseminação da corrupção em todos os estratos sociais.[63] Outra pesquisa, realizada em 2016, demonstrou que apenas no município de São Paulo 3.452 imóveis – seu conjunto alcança U$ 2,7 bilhões ou R$ 8 bilhões - estão sob o domínio de *offshores* estabelecidas em paraísos fiscais. Essa circunstância indica que tais bens podem ser resultado de lavagem de ativo ou produto de delito anterior.[64]

---

criminológicas, político-criminais e dogmáticas. Brasília: Escola Superior do Ministério Público da União, 2011, p. 120.

62. INTERNATIONAL MONETARY FUND. **Corruption**: costs and mitigation strategies. International Monetary Fund, 2016. Disponível no link <http://www.imf.org> Acesso em: 13 agos 2017. Do mesmo modo, a Federação das Indústrias de São Paulo estima que a corrupção corrói 1,38 a 2,3% do PIB nacional. FIESP. Federação das Indústrias de São Paulo. **Relatório Corrupção**: custos econômicos e propostas de combate, 2010, p. 4. Disponível em: <http://www.fiesp.com.br> Acesso em: 13 agos 2017.

63. INTERNATIONAL MONETARY FUND. **Corruption**: costs and mitigation strategies. International Monetary Fund, 2016. Disponível no link <http://www.imf.org> Acesso em: 13 agos 2017.

64. TRANSPARENCY INTERNATIONAL. **Does corruption live next door?** Shell Companies and the Real Estate Sector in the largest city in the Southern

É sobre o resultado do espaço atribuído aos delitos econômicos que o instituto do confisco alargado espera surtir algum resultado para atingir o lucro esperado destes crimes. A importância do impacto financeiro dos crimes é ressaltada pelo presidente da organização não-governamental *Global Financial Integrity*, para quem a sociedade internacional está falhando no combate aos crimes transnacionais, "muito especialmente porque o sistema legal está focado mais na materialidade e na repercussão do crime do que no dinheiro que o crime gera."[65] A referência a esse objetivo pode ser vista nos parágrafos da Diretiva 2014/42/UE do Parlamento Europeu e do Conselho, quando estabelece que "a criminalidade internacional organizada, incluindo organizações criminosas do tipo máfia, tem por principal objetivo o lucro", prevendo que a constrição cautelar e a perda dos bens "constituem alguns dos meios mais eficazes para combater esse tipo de criminalidade."[66]

Quanto ao segundo aspecto, a globalização e a integração supranacional provocam a aproximação dos países para a solução de problemas comuns e para a adoção de respostas uniformes que reprimam, de modo eficaz, crimes internacionais e transfronteiriços.[67] Nas palavras de Jesús-María Silva Sánchez:[68]

Hemisphere. Transparency International. 2017. Disponível em: <http://www.transparency.org>. Acesso em: 13 agos 2017.

65. BAKER, Raymond. Introduction. In: GLOBAL FINANCIAL INTEGRITY. **Transnational crime and the developing world**. 2017. Disponível em: <http://www.gfintegrity.org> Acesso em: 2 set 2017. Trad. livre de: *The global community is failing in efforts to curtail transnational crime. Why? Largely because law enforcement is focused on the materials and manifestations of the crimes rather than on the money the crime generates.*

66. UE. UNIÃO EUROPEIA. Diretiva 2014/42/UE do Parlamento Europeu e do Conselho, de 3 de abril de 2014. **Jornal Oficial da União Europeia**. Disponível em: <www.eur-lex.europa.eu>. Acesso em 25 out. 17.

67. Doutrinariamente, os crimes internacionais são aquelas modalidades delitivas objeto de atenção da sociedade internacional por tratados ou convenções

> O objetivo fundamental do Direito Penal da globalização é, como indicado no princípio, eminentemente prático. Trata-se de proporcionar uma resposta uniforme ou, ao menos, harmônica, à delinquência transnacional, que evite a conformação de "paraísos jurídico-penais". A existência de tais "paraísos" resulta problemática, especialmente quando se trata de combater uma modalidade de delinquência na qual a intervenção dos principais responsáveis das organizações pode estar significativamente distanciada do lugar e momento dos atos de execução.

Nas palavras de Luis Arroyo Zapatero, "o Direito Penal do Estado moderno foi, a exemplo da moeda nacional, um Direito essencialmente territorial".[69] Até o início do século XXI, os parcos exemplos de tratados internacionais que versam sobre delitos internacionais ou transnacionais denotam tal característica. No período que precedeu a I Guerra Mundial, apenas três tratados trataram da repressão penal de atos individuais e versavam, basicamente, sobre a pirataria, o tráfico de

---

internacionais em razão de atingirem valores compartilhados por outros Estados, enquanto que crimes transfronteiriços restringem-se a condutas violadoras das normas internas, mas que, ocasionalmente, podem ter repercussão internacional. Os crimes internacionais são estudados no ramo do Direito Internacional Público, enquanto que os crimes transfronteiriços são reservados ao Direito Penal. JANKOV, Fernanda Florentino. Direito Internacional Penal: mecanismo de implementação do Tribunal Penal Internacional. São Paulo: Saraiva, 2009, p. 1-9.

68. SILVA SÁNCHEZ, Jesús-María. **A expansão do Direito Penal**: aspectos da política criminal nas sociedades pós-industriais. 2 ed. Trad. Luiz Otávio de Oliveira Rocha. São Paulo: Revista dos Tribunais, 2011, p. 105.

69. ZAPATERO, Luis Arroyo. A Harmonização Internacional do Direito Penal. Ideias e Processos. In: OLIVEIRA, William Terra et al. (Org.) **Direito Penal Econômico**: estudos em homenagem aos 75 anos do professor Klaus Tiedeman. São Paulo: LiberArs, 2013, p. 404.

seres humanos e proscrições em tempos de guerra.[70] Apesar de alguns exemplos de tratados antes da II Guerra Mundial[71], a profusão de convenções em matéria penal foi notada, apenas, depois do conflito mundial, principalmente após o processo de integração promovido pela aproximação dos comércios nacionais. A Convenção de Viena de 1988, a Convenção de Mérida e a Convenção de Palermo podem ser citadas como resultados desse período.[72]

Dados empíricos reforçam que a recente época de integração do comércio mundial conduz, também, à circulação de ativos criminosos. Um relatório produzido pela citada *Global Financial Integrity* indica que o fluxo financeiro de recursos ilícitos atingiu um valor estimado entre US$ 2 trilhões e US$ 3 trilhões em 2014, o que representa de 13,8% a 24% do comércio mundial.[73] Em outra pesquisa, a mesma entidade sugere que apenas 11 cri-

70. ZAPATERO, Luis Arroyo. A Harmonização Internacional do Direito Penal. Ideias e Processos. OLIVEIRA, William Terra et al. **Direito Penal Econômico**: estudos em homenagem aos 75 anos do professor Klaus Tiedeman. São Paulo: LiberArs, 2013, p. 404.

71. "[...] ao acervo de realidades da Sociedade das Nações em matéria penal também se adicionam as convenções contra a escravidão (1926), contra o trabalho forçado (1930), contra o tráfico de entorpecentes (1936), contra o tráfico de mulheres (1933), como contra a falsificação de moeda (1929). ZAPATERO, Luis Arroyo. A harmonização internacional do Direito Penal. Ideias e processos. OLIVEIRA, William Terra et al. **Direito Penal Econômico**: estudos em homenagem aos 75 anos do professor Klaus Tiedeman. São Paulo: LiberArs, 2013, p.406.

72. Apenas as três convenções são citadas como exemplo em razão da aproximação com o tema, mas a lista de tratados é extensa, podendo ser consultada bibliografia específica sobre o tema: SOARES, Denise de Souza; DOLINGER, Jacob. **Direito Internacional Penal**: tratados e convenções. Rio de Janeiro: Renovar, 2006.

73. GLOBAL FINANCIAL INTEGRITY. **Illicit Financial Flows to and from Developing Countries:** 2005-2014. O estudo considerou como fluxo financeiro de recursos ilícitos todo o dinheiro obtido, transferido ou utilizado

mes transnacionais movimentaram um montante entre US$ 1,6 trilhões e US$ 2.2 trilhões em 2014[74], revelando a necessidade de uma atuação concertada entre os países.[75]

No âmbito da União Europeia, os esforços para a uniformização da repressão penal em cada país do bloco é a amostra mais significativa de tal tendência. Inicialmente, o Tratado de Maastricht foi bastante tímido na previsão de dispositivos penais, notando-se, apenas, o estímulo à promoção da segurança pública em cada país. Daí porque Anabela Miranda Rodrigues qualifica o referido momento histórico como "um Direito Penal de primeira geração."[76] A partir do Tratado de Amsterdã, registra-se o desenvolvimento do Direito Penal nos atos do bloco, designando-se uma segunda geração de normas ante a previsão de um espaço de liberdade, de segurança e de justiça e a repressão a determinados crimes transfronteiriços e internacionais. O Tratado de Lisboa, de 2010, representa o novo e mais recente marco – ou "o Direito Penal europeu de terceira geração", incluindo a matéria penal no Tratado sobre o Funcionamento da União Europeia. O art. 83 passou a prever a possibilidade de o Parlamento Europeu e o Conselho emitirem diretivas com o seguinte escopo:[77]

---

ilegalmente. Disponível em: <http://www.gfintegrity.org> Acesso em: 2 set. 2017, p. 2, 3, 14.

74. GLOBAL FINANCIAL INTEGRITY. **Transnational Crime and the Developing World**. 2017, p. xi. Disponível em:<http://www.gfintegrity.org> Acesso em: 2 set. 2017.

75. LINHARES, Solon Cícero. **Confisco de bens**: uma medida penal, com efeitos civis contra a corrupção. São Paulo: Revista dos Tribunais, 2016, p. 46.

76. RODRIGUES, Anabela Miranda. O Direito Penal Emergente. SOUZA, Artur de Brito Gueiros (org.). **Inovações no Direito Penal Econômico**: contribuições criminológicas, político-criminais e dogmáticas. Brasília: ESMPU, 2011, p. 93.

77. UE. UNIÃO EUROPEIA. Tratado sobre o Funcionamento da União Europeia. **Jornal Oficial da União Europeia**. C 202/1, de 7 de junho de 2016. Disponível em:<http://www.eur-lex.europa.eu>. Acesso em: 3 set. 2017.

> 1. O Parlamento Europeu e o Conselho, por meio de directivas adoptadas de acordo com o processo legislativo ordinário, podem estabelecer regras mínimas relativas à definição das infracções penais e das sanções em domínio de criminalidade particularmente grave com dimensão transfronteiriça que resulte da natureza ou das incidências dessas infracções, ou ainda da especial necessidade de as combater, assente em bases comuns. São os seguintes os domínios de criminalidade em causa: terrorismo, tráfico de seres humanos e exploração sexual de mulheres e crianças, tráfico de droga e de armas, branqueamento de capitais, corrupção, contrafacção de meios de pagamento, criminalidade informática e criminalidade organizada. Consoante a evolução da criminalidade, o Conselho pode adoptar uma decisão que identifique outros domínios de criminalidade que preencham os critérios referidos no presente número. O Conselho delibera por unanimidade, após aprovação do Parlamento Europeu.

Como resultado da concentração de esforços do bloco para o combate a crimes internacionais e transfronteiriços lucrativos, a Diretiva 2014/42/UE surge como meio de alcançar os recursos gerados por tais crimes. A leitura do preâmbulo reforça o ideal de harmonia entre as legislações nacionais, ao prever que "os grupos criminosos ignoram as fronteiras e adquirem cada vez mais ativos em Estados-membros que não aqueles em que estão baseados e em países terceiros". Isso leva à adoção de regras mínimas que aproximem "os regimes de congelamento e de perda dos Estados-Membros, promovendo, assim, a confiança mútua e uma cooperação transfronteiriça eficaz".[78]

Vê-se, portanto, que os atos normativos internacionais a respeito do confisco alargado emanam do processo de expansão do Direito Penal. Cumpre analisar, por derradeiro, outro fator

78. UE. UNIÃO EUROPEIA. Diretiva 2014/42/UE do Parlamento Europeu e do Conselho, de 3 de abril de 2014. **Jornal Oficial da União Europeia.** Disponível em: <www.eur-lex.europa.eu>. Acesso em 25 out. 17.

para o progressivo avanço do confisco alargado, vinculada aos aportes trazidos pela Análise Econômica do Direito.

1.3.2 A influência da Análise Econômica do Direito

1.3.2.1 Noções básicas de Análise Econômica do Direito

A Análise Econômica do Direito (AED) representa um novo campo de estudo do Direito, a qual almeja compreender, explicar e prever as consequências das normas jurídicas para aperfeiçoá-las através de instrumentos de pesquisa capazes de sugerir um padrão eficiente de aplicação de determinada norma jurídica.[79] Trata-se de área interdisciplinar que pretende romper com a discussão dogmática pura e simples para oferecer subsídios para uma decisão racional. Conforme esclarece Gico Júnior, a AED apresenta vantagens metodológicas para a compreensão de fenômenos sociais ao oferecer ferramentas aptas a avaliar o impacto de determinada norma sobre o comportamento humano e mostrar-se "flexível o suficiente para adaptar-se a situação fáticas específicas (adaptabilidade) e incorporar contribuições de outras searas (inter e transdisciplinaridade)."[80]

A questão central da AED é o reconhecimento de que os recursos da sociedade são escassos e de que toda decisão do agente econômico envolve um custo de oportunidade da escolha preterida. Como ser racional, capaz de absorver e de ponderar os custos e os benefícios de suas decisões, o agente

---

79. TABAK, Benjamin Miranda. A Análise Econômica do Direito: proposições legislativas e política pública. **Revista de Informação Legislativa**, a.52, n. 205, 2015, p. 324. Disponível em <http://www2.senado.gov.br>Acesso em:16 maio 2017.

80. GICO JÚNIOR, Ivo T. Metodologia e epistemologia da Análise Econômica do Direito. **Economic Analysis of Law Review**, v. 1, n. 1, 2010, p. 16. Disponível no link <http://portalrevistas.ucb.br> Acesso em: 13 agos 2017.

procura sempre maximizar o resultado de seu comportamento. Isso implica reconhecer, também, que cada tomador de decisão é susceptível a incentivos que podem estimulá-lo a realizar ou a reprimir determinado ato por meio de sanções ou preços.[81]

Para atender a questão central, a AED utiliza como parâmetro de análise a escolha individual de cada agente, conhecido por individualismo metodológico. O comportamento do grupo que se quer examinar é compreendido por meio da observação da atuação de cada indivíduo. Outro pressuposto metodológico importante da AED é que o agente econômico possui preferências completas, isto é, ele sempre poderá decidir entre mais de uma alternativa, e estáveis, o que o leva a mantê-las até o aparecimento de algum novo incentivo.[82]

A AED utiliza, ainda, conceitos-chave de externalidade e de eficiência. Externalidade corresponde aos efeitos que a ação gerará para terceiros que não participam da transação, podendo ser negativa ou positiva, conforme a geração de danos ou de benefícios. O uso do carro, por exemplo, representa uma externalidade negativa para a sociedade, em razão do incremento da poluição. Já uma ornamentação de Natal configura uma externalidade positiva.[83]

---

81. Sanção é uma medida imposta para prevenir a realização do que é proibido, enquanto que preço é o montante que se paga para fazer o que é permitido. A diferença permite que o legislador calibre melhor a intervenção que se deseja no comportamento de cada agente econômico. A imposição de preço pressupõe o conhecimento do custo das externalidades, enquanto que a sanção é recomendada quando ocorrer o oposto. COOTER, R. D. Price ad sanctions. **Columbia Law Review.** 1984; 84: p. 1523-1560 e 1552.
82. GICO JÚNIOR, Ivo T. Metodologia e epistemologia da Análise Econômica do Direito. **Economic Analysis of Law Review**, v. 1, n. 1, 2010, p. 23. Disponível no link <http://portalrevistas.ucb.br> Acesso em: 13 agos 2017.
83. PORTO, A. J. M.; THEVENARD, L. Análise Econômica da função social dos contratos: críticas e aprofundamentos. **Economic Analysis of Law Review**, v. 1, n. 2, p. 196-212, 2010, p. 204.

Como fração da realidade, o comportamento criminoso também é estudado pela AED. O autor do delito não deixa de ser agir como *homo economicus* e orienta seu comportamento conforme os custos, a externalidade e a utilidade que são atrelados a ele, oferecendo uma área de estudo vasta para a AED.

1.3.2.2 AED e Direito Penal

A incursão da AED no campo penal representa o estudo do fenômeno da criminalidade no meio social e os instrumentos eficazes colocados à disposição pelo Estado para a repressão criminal. A correta decisão sobre o que e quanto punir depende da adequada compreensão do custo que envolve cada sanção e do que representa a reação estatal como incentivo ao criminoso. Esse é foco principal da aplicação da AED no Direito Penal, o que vem permitindo a produção de estudos a respeito de diversos aspectos da atuação penal, a exemplo das reflexões sobre a eficiência da ação penal privada em relação a crimes de menor potencial ofensivo;[84] da escolha entre multa e encarceramento[85] ou da opção apenas pela multa,[86] além da busca de um processo penal equilibrado entre eficiência e redução de erros judiciários.[87]

A obediência às leis penais não é algo que decorre naturalmente da simples observância à cogência da norma. A eficácia

84. CYRUS CHU, C. Y. An Economic Analysis of the criminal proceedings in civil-law countries. **International Review of Law and Economics**. 1991; 11:111-116.

85. SHAVELL, Steven. Criminal Law and the optimal use of nonmonetary sanctions as a deterrent. **Columbia Law Review**. 1985; 85: 1232-1262.

86. GAROUPA, Nuno. Optimal magnitude and probability of fines. **European Economic Review**. 2001; 45: 1765-1771.

87. MICELI, J. Thomas. Optimal Criminal Procedure: fairness and deterrence. **International Review of Law and Economics**. 1991; 11: 3-10.

da prevenção de determinada conduta proibida depende do grau de incentivos apresentados ao criminoso, que é um agente econômico dotado de racionalidade e que pesa a utilidade advinda da vantagem criminosa e a provável sanção que receberá por tal comportamento. Em artigo de referência a respeito do tema, Gary S. Becker demonstrou que o crime não difere de qualquer outra atividade econômica usualmente estudada na economia em razão da racionalidade ínsita ao agente. À exceção do juízo moral mais intenso, as externalidades geradas pelo crime, a utilidade do resultado para o agente e a influência das ações repressivas exercidas sobre ele são elementos passíveis de estudo pela AED. De modo especial, a adequação do modelo de repressão deve levar em conta o custo social do crime, o custo da prisão e o da condenação do agente criminoso e a utilidade que ele terá com a conduta.[88] A eficácia da prevenção dependerá do custo dos órgãos estatais ligados à investigação e à condenação, bem como da elasticidade da resposta aos delitos.

Na perspectiva da AED, a repressão criminal está sob a incessante procura de instrumentos eficazes que maximizem o custo do agente criminoso ou que minimize seus lucros. Pesquisas empíricas conduzidas em estabelecimentos prisionais no Brasil refletem tal ponderação de valores e auxiliam a definição de políticas públicas. Dados coletados por Pery Francisco Assis Shikida por dez anos em estabelecimentos prisionais no Paraná revelaram que a maior parte dos condenados optou pela atividade criminosa por questões de natureza econômica e psíquica, assumindo riscos de moderado a elevado.[89]Do ponto de vista da reincidência, em outro estudo, concentrado apenas no Complexo

88. BECKER, G. S. Crime and Punishment: an economic approach. **Journal of Political Economy**. 1968; 76: 169-217, p. 169.

89. SHIKIDA, Pery Francisco Assis. Considerações sobre a Economia do Crime no Brasil: um sumário de 10 anos de pesquisa. **Economic Analysis of Law Review**. 2010; 1 (20): 318-336.

de Penitenciárias de Piraquara, maior estabelecimento penal do Paraná, a conclusão foi de que o crime de furto tem 66 vezes mais probabilidade de o agente criminoso reincidir. Esse indicador é muito superior ao de roubo – que revela o mesmo proveito econômico, mas possui uma maior repressão – e ao de tráfico de drogas.[90] O uso da AED em tais circunstâncias permite ao Estado realocar recursos para estratégias que incidam sobre estes fatores de estímulos do crime, potencializando a eficiência da política criminal para os egressos que tenham praticado a modalidade criminosa mais sujeita à reincidência.

Em análises que tangenciam a utilização de meios de persecução patrimonial como indutor de comportamento, os resultados têm demonstrado que o Estado dispõe não apenas da escolha da intensidade da repressão penal – a quantidade da pena privativa de liberdade ou o modo de execução –, mas também da opção de utilizar normas civis e penais para a repressão de determinada conduta. O uso do Direito Penal depende da avaliação dos custos e dos benefícios da criminalização de determinada atividade. Roger Bowles, Michel Faure e Nuno Garoupa apresentaram alguns critérios para auxiliar a identificar a melhor resposta para determinada conduta reconhecida como prejudicial à sociedade: extensão e caráter difuso da lesão; especialização de órgãos de investigação; acessibilidade a meios probatórios que os agentes privados não possuem e ineficácia de sanções pecuniárias, seja pela insolvência dos responsáveis, seja pela simples internalização do custo da pena. Todos esses critérios influenciam a escolha da repressão penal em razão principalmente do custo social e

90. GONÇALVES JÚNIOR, Carlos Alberto; SHIKIDA, Pery Francisco Assis. Determinantes da Reincidência Penal no Estado do Paraná: uma análise empírica da economia do crime. **Economic Analysis of Law Review**, v. 4, n. 2, p. 315-336, 2013.

da eficácia e auxiliam o Estado a optar entre a resposta penal ou a eleição de sanções civis ou administrativas.[91]

A par da escolha entre a sanção civil ou penal, a expansão de medidas de constrição patrimonial, como o confisco alargado, traz para o Estado a opção de intensificar a repressão ao crime por meio do confisco dos ativos de grupos criminosos.

1.3.2.3 AED e o confisco

A eficiência do confisco é estudada no campo da AED sob duas hipóteses. Na primeira, medidas de persecução penal podem servir de elemento de dissuasão para a prática de crime. A oferta de crimes seria elástica ao investimento estatal em instrumentos de persecução patrimonial. A hipótese é intuitivamente conduzida pelo pressuposto de que a medida constritiva representará mais um custo para a permanência ou para a entrada na carreira criminosa, reduzindo o lucro e aumentando a exposição do investigado.[92] O Plano de Ação da União Europeia de 2000[93] e a Decisão-Quadro 2005/212/JAI do Conselho[94] apoiam-se expressamente nesta hipótese.

---

91. BOWLES, Roger; FAURE, Michel; GAROUPA, Nuno. The Scope of Criminal Law and Criminal Sanctions: an economic view and policy implications. **Journal of Law and Society**. 2008; 35 (3): 380-416, p. 395 e 415.

92. Neste sentido: LINHARES, Solon Cícero. **Confisco de Bens**: uma medida penal, com efeitos civis cotra a corrupção. São Paulo: Revista dos Tribunais, 2016, p. 57; FORSAITH, James *et al.* **Study for an Impact Assessment on a proposal for a new legal framework on the confiscation and recovery of criminal assets European Union**. Rand Coporation, 2012, p. 14.

93. No capítulo 2.7, há a orientação política da adoção de medidas de persecução patrimonial que deve ser prioridade para "privar a criminalidade organizada da sua principal motivação, ou seja, os produtos do crime."UE. União Europeia. **Conselho Europeu de Amsterdã**. Prevenção e Controlo da Criminalidade Organizada: estratégia da União Europeia para o início do novo milênio. Bruxelas, 3 de maio de 2000. Disponível em:<http://eur-lex.europa.eu>. Acesso em: 3 set 2017.

94. Parágrafo 1º do Preâmbulo: "A principal motivação da criminalidade organizada além-fronteiras é o lucro. Por conseguinte, para ser eficaz, qualquer

A hipótese de dissuasão pode ser demonstrada pela seguinte equação: suponha-se que o criminoso (I) tenha benefícios do valor de Bi e custos no valor de Ci e decide entrar na criminalidade desde que o benefício Bli seja positivo, isto é, BLi=Bi-Ci. O confisco alargado reduz Bi e aumenta Ci, necessariamente reduzindo o benefício líquido Bli e a atratividade da atividade criminosa.

Além da dissuasão pela simples imposição do confisco, a constrição serviria como medida de reforço de sanções monetárias. Richard Posner[95] sustenta que os crimes de colarinho branco deveriam ser sancionados com alguma pena pecuniária, pois ela representaria um custo social menor do que a prisão e se mostraria tão ou mais efetiva que essa. A conclusão parte da constatação de que os crimes de colarinho branco são apenados com tempo médio de até dois anos e de que, para tal período de tempo, poderia ser mensurado algum valor que representasse o mesmo efeito persuasório na prevenção do crime.[96] Para Roger Bowles, Michel Faure e Nuno Garoupa,

---

tentativa de prevenir e combater essa criminalidade deverá centrar-se na detecção, congelamento, apreensão e perda dos produtos do crime".

95. POSNER, Richard. Optimal Sentences for White-Collar Criminals. **American Criminal Law Review**. 1979-1980; 17:409. Posner não adota o conceito clássico "crime de colarinho branco." Para ele, o mais adequadoé"crime não violento", cometido por pessoas da alta sociedade oupor associações, empresas ou sindicados.

96. SHAVELL, Steven. Criminal Law and the Optimal Use of Nonmonetary Sanctions as a Deterrent. **Columbia Law Review**. 1985; 85: 1232-1262. POLINSKY, A. Mitchell; SHAVELL, Steven. The Optimal Use of Fines and Imprisonment. **Journal of Public Economics**. 1984; 24: 89-99. Para uma visão crítica desta posição: COFFEE JÚNIOR, John Collins. Corporate Crime and Punishment: a non Chicago view of the economics of criminal sanctions. **American Criminal Law Review**. 1979-1980; 17: 419-476. D'ANTONI, Massimo; GALBIATI, Roberto. A Signaling Theory of Nonmonetary Sanctions. **International Review of Law and Economics.** 2007; 27: 204-218.

o confisco agiria, nessa situação, como reforço de sanções monetárias, potencializando seu uso.[97]

Na literatura, há poucos trabalhos empíricos sobre o tema. Peter Alan Sproat conduziu pesquisa no Reino Unido sobre os efeitos da vigência de legislação mais rigorosa em confisco de bens. Os resultados apontaram que a perda de bens alcançou menos de 1% do montante de recursos ilícitos supostamente circulante no Reino Unido e não influenciou o mercado ilícito de entorpecentes, já que o preço da cocaína e do *crack* se mantiveram relativamente estável no período.[98]

Um resultado conflitante foi encontrado por Edgardo Buscaglia, que avaliou o sistema jurídico de 107 países signatários da Convenção de Palermo, no período de 1993 a 2006. O autor concluiu que os países que adotaram exclusivamente medidas tradicionais de repressão penal estimularam a expansão dos grupos criminosos residuais, inclusive a atuação da organização para dentro do aparato estatal, de modo a evitar novas punições.[99] Ao contrário, os países que obtiveram mais

---

97. Os autores alertam, contudo, que o confisco nãodeve ser confundido com a pena de multa nem com outra sanção criminal pecuniária. Nas palavras de Bowles, Faures e Garoupa, "para deter o crime, deve existir um custo de oportunidade para os ofensores em potencial. Se a perda esperada é limitada ao ganho ilegal, o crime é uma loteria atrativa por que, na pior situação, o agente terá o patrimônio que possuía antes da conduta". Trad. livre de: *To deter crime, there must be an opportunity cost fo potential offenders. If the expected loss is limited to the illegal gain, crime is an attractive lottery because, in the worst possible state, individuals get what they had before commitiing an offense.* BOWLES, Roger; FAURE, Michel; GAROUPA, Nuno. Economic Analysis of the Removal of Illegal Gains. **International Review of Law and Economics**. 2000; 20: 537-549, p. 539.

98. SPROAT, Peter. An Evaluation of the UK's Anti-Money Laundering and Asset Recovery Regime. **Crime Law Soc Change**. 2007; 47:169-184, p. 183.

99. "Como resultado da análise jurimétrica apresentada neste estudo, a concentração de esforços apenas nas sanções legais tradicionais para combater o crime

sucesso na repressão a tal modalidade criminosa adotaram, ao lado das medidas clássicas, novos instrumentos de confisco e programas de prevenção, além de reformas no trâmite de determinadas classes processuais.[100] A pesquisa teve como

---

organizado (a exemplo do aumento das taxas de encarceramento ou extradição) tende a incentivar grupos criminosos a expandir seus vínculos escusos (de modo a protegê-los das esperadas sanções elevadas), aumentando assim a feudalização do aparelho estatal para aumentar sua capacidade operacional." Trad. livre de:*As a result of the jurimetrics-based analysis presented in this study, just relying on traditional legal sanctions to counteract organized crime (e.g. increased incarceration and/or extradition) will tend to create an incentive for criminal groups to expand their corruption rings (in order to protect themselves from higher expected sanctions) thus increasing the feudalization of the state by criminal groups while enhancing their operational capacities.*BUSCAGLIA, Edgardo. Legal and economic factors determining success and failure in the fight against organized crime: an empirical assessment of the Palermo Convention. **Latin America and Caribbean Law and Economics Association** (ALACDE) **Annual Papers**. 2008, p. 20. Disponível no link <https://escholarship.org> Acesso em: 13 agos 2017.

100. "Neste contexto, o sucesso de acusações e condenações contra organizações criminosas deve ser medido menos pelo encarceramento e deve concentrar-se mais em interromper a ação criminosa através do confisco, reduzindo assim o montante de recursos destinados os laços de corrupção dentro do Estado. Ao mesmo tempo, ações preventivas destinadas a diminuir o ingresso de jovens em atividades criminosas já tem mostrado sua capacidade de interromper a capacidade operacional de organizações criminosas" Trad. livre de: *In this context, the success of prosecutions and convictions against criminal organizations should be measured less by incarceration of physical person and should be more focused on disrupting the production of criminal enterprises through forfeitures, thus reducing the amounts of net worth aimed at expanding public corruption rings to feudalize States. At the same time, preventive policies aimed at diminishing the flow of youth into criminal activities have already shown their capacity to disrupt the street-based operational capacities of organized crimes.* BUSCAGLIA, Edgardo. Legal and Economic Factors Determining Success and Failure in the Fight against Organized Crime: na empirical assessment of the Palermo Convention. **Latin America and Caribbean Law and Economics Association** (ALACDE) **Annual Papers**. 2008, p. 22. Disponível em:<https://escholarship.org> Acesso em: 13 agos 2017.

limitações a omissão das variáveis dependentes e a ausência de um padrão único para a catalogação dos dados dos países pesquisados, como apontado em outro estudo.[101] Apesar disso, ela ainda é a análise com maior representatividade sobre o tema.

De todo modo, ainda que o efeito psicológico sobre o comportamento do futuro criminoso seja nulo, a hipótese de dissuasão é reforçada pelo argumento de se retirarem, da disposição do criminoso, valores que poderiam ser utilizados posteriormente para o crime de lavagem de ativos, prevenindo, assim, a perpetuação da atividade criminosa.[102] Tal finalidade

---

101. "Não somos capazes de analisar o impacto na redução de crimes pela simples razão de que não existe evidência suficiente para demonstrar que o confisco de ativo levará a tal resultado. É tentador simplesmente presumir tal conclusão com fundamento numa lógica popular e intuitiva da microeconomia – que o confisco prevenirá potencial ofensores. No entanto, hipóteses concorrentes impedem tal conclusão. Em particular, o confisco de ativos pode atingir de modo desproporcional fornecedores menos complexos do mercado ilícito, criando barreiras de entrada e, portanto, oligopólios, nos quais fornecedores se tornam cada vez maiores e mais difícil de ter a atividade encerrada. Trad. livre de: *We are not able to analyse impacts flowing from a reduction in crime for the simple reason that there is insufficient evidence that asset confiscation will reduce crime. It is tempting simply to assume this on the basis of a compelling (and popular) micro-economic logic – that is, that the prospect of asset confiscation will deter potential offenders. However, strong competing hypotheses prevent this. In particular, it may be that asset confiscation disproportionately affects less sophisticated suppliers of illicit markets, creating barriers to entry and, thus, oligopolies, in which suppliers become larger and more difficult to disrup.*O estudo critica de modo incisivo a pesquisa em outro trecho.FORSAITH, James *et al.* **Study for an impact assessment on a proposal for a new legal framework on the confiscation and recovery of criminal assets European Union**. Rand Coporation, 2012, p. 23, 264.

102. PAVLIDIS, Georgio. **Confiscation Internationale**: instruments internationaux, droit de l'Union européenne, droit suisse. Schulthess: Genève, 2012, p. 4. No mesmo sentido, a Convenção contra o Tráfico Ilícito de Entorpecentes e de Substâncias Psicotrópicas menciona em seu preâmbulo o potencial de contaminação da Administração Pública, das atividades comerciais e das atividades comerciais e financeiras lícitas.

é ressaltada no Plano de Ação da União Europeia de 2000[103] e na Decisão-Quadro 2005/212/JAI do Conselho.[104]

A segunda hipótese relativa à análise de eficiência do confisco é que a constrição de ativos representa a possibilidade de o Estado incrementar a atividade de persecução com o resultado obtido sobre o patrimônio ilícito. Segundo os autores Roger Bowles, Michel Faure e Nuno Garoupa, a recuperação do produto ilícito representa tanto um elemento adicional de repressão, quanto uma medida de reforço das atividades de persecução em razão da entrada de recursos para o Estado.[105]

A hipótese é confirmada pela verificação empírica em países que implementaram medidas mais incisivas de recuperação de ativos, a exemplo do confisco alargado e da ação

103. V. nota de rodapé 95.

104. Parágrafo 1º do preâmbulo: "A principal motivação da criminalidade organizada além-fronteiras é o lucro. Por conseguinte, para ser eficaz, qualquer tentativa de prevenir e combater essa criminalidade deverá centrar-se na detecção, congelamento, apreensão e perda dos produtos do crime".

105. "A remoção de ganhos ilegais aumenta a efetividade da detecção e punição. Para uma estimada despesa *c*(p), onde *c*'>0 e *c*">0, o "multiplicador" é não mais a probabilidade de detecção e punição p mas $p/(1-p\tau)$. A efetividade da detecção e da punição aumenta com τ. Em outras palavras, se o Estado almeja determinada probabilidade, como p, deve gastar$c(p/(1+\tau p))$. Então, o gasto em detecção e punição diminui com τ. A recuperação de ganhos ilegais permite que o governo economize na detecção e no gasto em punição". Trad. livre de: *The removal of illegal gain increases the effectiveness of detection and punishment. For a given expenditure c(p), where c'>0 and c">0, the "multiplier" is no longer the probability of detection and punishment p but* $p/(1-p\tau)$*. The effectiveness of detection and punishment increases with* τ*. In other words, if the government targets a given probability, say p, it must expend* $c(p/(1+\tau p))$*. Thus, the expenditure on detection and punishment decreases with* τ*. Removal of illegal gains permits the government to save on detection and punishment expenditures.* BOWLES, Roger; FAURE, Michel; GAROUPA, Nuno. Economic analysis of the removal of illegal gains. **International Review of Law and Economics**. 2000; 20: 537-549, p. 539.

civil de extinção de domínio. Nos Estados Unidos, o montante recuperado em 2014, 2015 e 2016 alcançou, respectivamente U$ 3,504 bilhões, U$ 612 milhões e U$ 1,060 bilhões. Do valor total recuperado, os Estados Unidos compartilham parte do montante com os órgãos de investigação que participaram da recuperação, tendo as cifras alcançado U$ 487 milhões de dólares em 2014, U$366 milhões de dólares em 2015 e U$ 317 milhões de dólares em 2016.[106]

No Reino Unido, a legislação mais rigorosa passou a viger em 2002, permitindo o perdimento de bens para todos os crimes, o que elevou a recuperação de ativos de £20 milhões de libras esterlinas em 2003 para £ 154 milhões de libras esterlinas em 2009. Esse valor se manteve estável até o 2016 quando £ 155milhões de libras esterlinas foram efetivamente recuperadas. Tal como nos Estados Unidos, parte dos recursos – 50% do valor total –também foi destinada aos órgãos que participaram da investigação.[107]

A despeito de o Reino Unido apresentar desempenho inferior ao dos Estados Unidos, estudo desenvolvido em 2012, a pedido da União Europeia, sugeriu que a rentabilidade e a economicidade verificadas no Reino Unido podem ser estendidas a outros países do bloco. Partindo de projeções baseadas na realidade do Reino Unido, os pesquisadores concluíram que "o desenvolvimento da atividade de recuperação de ativos pode apresentar retorno financeiro positivo para todos os países membros, à exceção apenas de cinco deles",[108] corroborando a

106. UNITED STATES. Department of Justice. **Asset Forfeiture Program.** 2017. Disponível em: <https://www.justice.gov> Acesso em: 2 set 2017.

107. UNITED KINGDOM. House of Commons. **Proceeds of crime**. Home Affairs Committee. 2016, p. 4 e 17.Disponível em: <https://www.parliament.uk> Acesso em: 2 set 2017.

108. FORSAITH, James *et al.* **Study for an impact assessment on a proposal for a new legal framework on the confiscation and recovery of criminal assets.** European Union. Rand Coporation, 2012, p. 247.

hipótese de que os efeitos positivos da recuperação de ativos para o reforço da atuação estatal são verificáveis empiricamente.

AAED oferece, assim, argumentos favoráveis à implementação de medidas mais incisivas de recuperação de ativos, tanto sob o ângulo da influência positiva sobre a prevenção penal, quanto sob a perspectiva de reforço dos órgãos de repressão.

Diante de tais vantagens, o instituto do confisco alargado foi implementado também em Portugal, sob a denominação de perda alargada, conforme será estudado no capítulo a seguir.

Capítulo

2

A PERDA ALARGADA EM PORTUGAL

Portugal introduziu a perda alargada em seu ordenamento em 2002, por meio da Lei nº 5, modificando, substancialmente, o regime de confisco vigente. Ao lado dela, a estrutura do instituto da perda alargada apoia-se em outros dois atos normativos. O primeiro é a Lei nº 45/2011, que instituiu entes responsáveis pela investigação financeira ou patrimonial e pela administração de bens. O segundo e mais recente – de 30 de maio de 2017 – é a Lei nº 30/2017 que alterou diversos diplomas legais para harmonizar o regime da perda alargada com a Diretiva 2014/42/UE do Parlamento Europeu e do Conselho.

O estudo desses três atos visa identificar as principais características do novo instituto, de modo a subsidiar, com mais profundidade, a crítica a respeito do projeto de confisco alargado em discussão no Congresso Nacional.

2.1 O CONFISCO E A LEI Nº 5/2002

Historicamente, o confisco em Portugal era identificado como medida de política penal contra crimes de natureza econômica[1] e como instrumento de arrecadação para o Estado através dos delitos de lesa-majestade. Era o período de vigência do confisco geral, no qual um fato gerador específico permitia a transferência de todo o patrimônio do responsável, quadro que começou a mudar a partir do século XVIII com a ascensão da burguesia e a crescente proteção da propriedade pela ordem jurídica.[2]

As Constituições portuguesas de 1822,[3] 1826,[4]1838,[5] 1911[6] e 1933[7] expressamente vedaram o confisco geral; a Constituição de 1976 rompeu com a tradição da proibição

1. "As ordenações portuguesas são o melhor testemunho nacional desta ampla utilização do confisco 'como um instrumento de política económica do governo'. A legislação estava perfeitamente afinada pelo princípio segundo o qual o confisco é adequado aos delitos de ganância ou cujo móbil é o engrandecimento patrimonial ilícito." CORREIA, João Conde. **Da proibição do confisco à perda alargada**. Lisboa: Imprensa Nacional 2012, posição 393, versão *kindle.*
2. CORREIA, João Conde. **Da proibição do confisco à perda alargada**. Lisboa: Imprensa Nacional 2012,posição 1.605, nota de rodapé 17 e posição 448, versão *kindle.*
3. "Art. 11. Toda a pena deve ser proporcionada ao delito; e nenhuma passará da pessoa do delinquente. Fica abolida a tortura, a confiscação de bens, a infâmia, os açoites, o baraço e pregão, a marca de ferro quente, e todas as demais penas cruéis e infamantes". PORTUGAL. **Constituição de 23 de setembro de 1822**. Disponível em: <https://www.parlamento.pt> Acesso em: 15 set 2017.
4. "Art. 145.º §19.º - Nenhuma pena passará da pessoa do delinquente. Portanto não haverá em caso algum confiscação de bens, nem a infâmia do Réu se transmitirá aos parentes em qualquer grau que seja". PORTUGAL. **Carta Constitucional de 29 de abril de 1826**. Disponível em: <https://www.parlamento.pt> Acesso em: 15 set 2017.
5. "Art. 22 – Nenhuma pena passará da pessoa do delinquente; não haverá em caso algum, confiscação de bens, nem a infâmia dos réus se transmitirá aos parentes". PORTUGAL. **Constituição de 1838**. Disponível em: <https://www.parlamento.pt> Acesso em: 15 set 2017.

expressa, ao deixar de tratar diretamente do instituto,[8] deixando ao legislador ordinário a tarefa de disciplinar o confisco especial do produto ou do instrumento do crime.

O confisco no Direito português atual tem como ponto central o tratamento conferido nos arts. 109, 110 e 111 do Código Penal. O legislador português dividiu os objetos relacionados ao crime em três: instrumentos, produtos e vantagens. Instrumentos são os objetos utilizados para o crime, conceito semelhante ao utilizado no art. 91, II, alínea b, Código Penal brasileiro. Produtos e vantagens são considerados em sentido diverso do sentido corrente em nosso país, pois os primeiros representam os "objectos criados ou produzidos pela actividade criminosa" como a moeda falsificada, enquanto que as vantagens são "qualquer benefício patrimonial que resulte do crime ou através dele tenha sido alcançado".[9]

---

6. "Art. 23 – Nenhuma pena passará da pessoa do delinquente. Portanto, não haverá em caso algum, confiscação de bens, nem a infâmia dos réus se transmitirá aos parentes, em qualquer grau.". PORTUGAL. **Constituição de 21 de agosto de 1911**.Disponível em: <https://www.parlamento.pt> Acesso em: 15 set 2017.
7. "Art. 8º, § 12 – Não haver confisco de bens, nem transmissão de qualquer pena da pessoa do delinquente". PORTUGAL. **Constituição de 11 de abril de 1933**. Disponível em: <https://www.parlamento.pt> Acesso em: 15 set 2017.
8. PORTUGAL. **Constituição da República Portuguesa**. Disponível em: <https://www.parlamento.pt> Acesso em: 15 set 2017. João Conde Correia relata que a Assembleia Constituinte rejeitou a proposta de adição ao artigo 62 para permitir o confisco apenas para os bens adquiridos ou utilizados para a prática de corrupção. CORREIA, João Conde. **Da proibição do confisco à perda alargada**. Lisboa: Imprensa Nacional, 2012, posição 464, nota de rodapé 25, versão *kindle*.
9. FIGUEIREDO DIAS, Jorge de. **Direito Penal Português**. Coimbra, 2005, p. 618 e 632.

Até 2017, os instrumentos e os produtos seriam declarados perdidos apenas se fossem preenchidos cumulativamente os seguintes requisitos: vinculação com o crime e, quando pela natureza ou circunstância do caso, colocassem em perigo a segurança das pessoas, a moral, a ordem pública ou existir risco de eles serem utilizados em outro crime. O elemento essencial era a probabilidade de eles representarem alguma ameaça aos valores elencados pelo legislador português, autorizando Jorge de Figueiredo Dias a ressaltar a finalidade exclusivamente preventiva.[10] Em maio de 2017, a Lei nº 30 alterou os arts. 109 e 110 para submeter o mesmo regime para a perda dos produtos e das vantagens do crime, dispensando-se a periculosidade concreta dos produtos para o confisco. Esse, portanto, é o regime padrão do confisco em Portugal definido no Código Penal português, exigindo-se para os instrumentos a relação com o crime e algum nível de periculosidade e para os produtos e as vantagens o vínculo de origem com o crime.

Encontram-se ainda outras espécies de confisco no ordenamento português. O art. 109, parágrafo 3º[11] e o art. 110, parágrafo 4º,[12] todos do Código Penal, permitem o confisco

10. FIGUEIREDO DIAS, Jorge de. **Direito Penal Português**. Coimbra, 2005, p. 614 e 621.

11. "Art. 109 [...] 3- Se os instrumentos referidos no n.º 1 não puderem ser apropriados em espécie, a perda pode ser substituída pelo pagamento ao Estado do respetivo valor, podendo essa substituição operar a todo o tempo, mesmo em fase executiva, com os limites previstos no artigo 112.º-A". PORTUGAL. **Código Penal**. Lisboa, 15 de março de 1995. Disponível em: <https://www.parlamento.pt> Acesso em: 15 set 2017.

12. "Art. 110 [...] 4 – Se os produtos ou vantagens referidos nos números anteriores não puderem ser apropriados em espécie, a perda é substituída pelo pagamento ao Estado do respetivo valor, podendo essa substituição operar a todo o tempo, mesmo em fase executiva, com os limites previstos no artigo 112.º-A". PORTUGAL. **Código Penal**. Lisboa, 15 de março de 1995. Disponível em: <https://www.parlamento.pt> Acesso em: 15 set 2017.

por seu valor equivalente, semelhante ao disposto no art. 91, §1º do Código Penal brasileiro.

Vigora ainda o modelo de confisco sem condenação penal - reconhecido no Direito Comparado como *non-conviction--based confiscation* ou NCB ou NCBC pelo acrônimo em inglês, como indicado no subitem 1.1.2. A Lei nº 30 de 2017 incluiu no ordenamento português a possibilidade de os produtos e instrumentos serem confiscados quando o processo não puder ser iniciado pela não identificação do autor do crime ou a morte do investigado[13] ou processo não puder prosseguir em razão da morte[14] ou da contumácia do réu[15], atendendo a Diretiva 2014/42/UE.

A despeito da eficácia de tais espécies de confisco,[16] o marco de alteração do regime de perda de bens em Portugal

13. Art. 110, parágrafo 5º, Código Penal: "Art. 110. Perda de Produtos e Vantagens [...] 5 – O disposto nos números anteriores tem lugar ainda que nenhuma pessoa determinada possa ser punida pelo facto, incluindo em caso de morte do agente ou quando o agente tenha sido declarado contumaz". O art. 109, parágrafo 3º, dispõe de modo similar para os instrumentos do crime. PORTUGAL. **Código Penal**. Lisboa, 15 de março de 1995. Disponível em: <https://www.parlamento.pt> Acesso em: 15 set 2017.

14. Art. 127, parágrafo 3º, Código Penal: "3 – A extinção da responsabilidade criminal pela morte do agente não impede o prosseguimento do processo para efeitos da declaração da perda de instrumentos, produtos e vantagens a favor do Estado.". PORTUGAL. **Código Penal**. Lisboa, 15 de março de 1995. Disponível em: <https://www.parlamento.pt> Acesso em: 15 set 2017.

15. Art. 335, parágrafo 5º, Código de Processo Penal português: "Art. 335 [...] 5 - A declaração de contumácia não impede o prosseguimento do processo para efeitos da declaração de perda de instrumentos, produtos e vantagens a favor do Estado."PORTUGAL. **Código de Processo Penal**. Lisboa, 17 de fevereiro de 1987. Disponível em: <https://www.parlamento.pt> Acesso em: 15 set 2017. A contumácia é definida no parágrafo 5º do art. 335 do Código de Processo Penal português e equivale a revelia existente em nosso país.

16. Outros diplomas tratam do confisco, a exemplo do Decreto-Lei nº 15/1993, Decreto-Lei nº 28/1984, Decreto-Lei nº 33/1982, ma snão apresentam altera-

é a perda alargada, instituída pela Lei nº 5 de 2002.Discutida nove dias após os atentados terroristas de 11 de setembro de 2001,[17] nos Estados Unidos da América (EUA), e aprovada pela Assembleia da República em 31 de outubro de 2001, a transcrição dos debates não apresenta questionamentos de grande monta.[18] Jorge Godinho registra que o ato legislativo encontra antecedentes em dois outros documentos, vinculados à repressão às drogas na Comissão para a Estratégia Nacional de Luta contra a Droga,[19] constituída em 16 de fevereiro de 1998, e na Estratégia Nacional de Luta contra a Droga.

A perda alargada foi implementada pela Lei nº 5/2002, prevendo-se em seu art. 7º que "[e]m caso de condenação pela prática de crimes referido no art. 1º [...] presume-se constituir vantagem da actividade criminosa a diferença entre o valor do património do arguido e aquele que seja congruente com o seu rendimento lícito."[20]

ção significativa do que foi apresentado. RIGOR RODRIGUES, Hélio. Perda de bens no crime de tráfico de estupefacientes: harmonização dos diferentes regimes jurídicos aplicáveis. **Revista do Ministério Público**, n. 134, 2013.

17. A Lei nº 5 foi aprovada na Assembleia da República em 31 de outubro de 2001, promulgada em 19 de dezembro de 2001 e publicada apenas em 11 de janeiro de 2002. Disponível em : <www.parlamento.pt>Acesso em: 17 jul 2017.
18. Diário da Assembleia da República, I, Série nº 1, 20/09/2011, p. 22-39 p. 23-41. A exposição de motivos da Proposta de Lei nº 94 também não apresenta argumentos mais específicos, citando apenas a previsão do instituto na Convenção de Viena de 1988 e a existência de institutos similares na França, Itália e Reino Unido.
19. GODINHO, Jorge. Brandos costumes? O confisco penal com base na inversão do ónus da prova (Lei nº 5/2002, de 11 de janeiro, artigos 1º e 7º a 12º). In: ANDRADE, Manuel da Costa *et al* (orgs). ***Liber Discipulorum* para Figueiredo Dias.** Coimbra: Coimbra, 2003, 1.319. No curso dos trabalhos, a Comissão recebeu parecer contrário à previsão de inversão do ônus da prova, posição que não foi aceita no relatório final.
20. PORTUGAL. **Lei nº 5/2002**. Lisboa, 11 de janeiro de 2002.Disponível em: <https://www.parlamento.pt> Acesso em: 15 set 2017.

2.2 REQUISITOS DA PERDA ALARGADA

Exige-se, para a aplicação da perda alargada, a presença de três requisitos: 1) condenação por um dos crimes relacionados no art. 1º da Lei nº 5/2002, o catálogo de crimes; 2) existência de patrimônio e 3) incompatibilidade entre o patrimônio e a renda declarada.

A conjugação desses requisitos permite o raciocínio de que se alguém se dedica a praticar as modalidades criminosas constantes do catálogo - que, em geral, mas não necessariamente, rendem altas somas – e apresenta patrimônio a descoberto, os respectivos bens ou valores decorrem de origem ilícita.[21]

2.2.1 Catálogo de crimes

A redação original do art. 7º previa a aplicação do novo instituto para os crimes tratados nos treze incisos do art. 1º, sendo eles os seguintes: tráfico de estupefacientes, terrorismo e organização terrorista, tráfico de armas, tráfico de influência, corrupção activa e passiva, peculato, participação económica em negócio, branqueamento de capitais, associação criminosa, contrabando, tráfico e viciação de veículos furtados, lenocínio e tráfico de menores e falsificação de moedas. Após a última alteração em 2017, o rol contempla também os crimes de

21. GODINHO, Jorge. Brandos costumes? O confisco penal com base na inversão do ónus da prova (Lei nº 5/2002, de 11 de janeiro, artigos 1º e 7º a 12º). In: ANDRADE, Manuel da Costa *et al* (orgs). ***Liber Discipulorum* para Figueiredo Dias.** Coimbra Editora, 2003, p. 1.319. Sob uma ótica crítica, Paulo Silva Marques analisa que o instituto se apoia na presunção de que o patrimônio a descoberto advém de atividade criminosa anterior e na inversão do ônus em desfavor do arguído para afastar a presunção. MARQUES, Paulo Silva. O confisco ampliado no Direito Penal português. In: **Lusíada.** Direito. Lisboa: Universidade Lusíada, 2003, p. 297.

recebimento indevido de vantagem, corrupção no comércio internacional e na atividade desportiva, pornografia infantil, dano relativo a programas e tráfico de pessoas.[22]

Como indica Jorge Godinho, essa relação é próxima do elenco de condutas típicas que devem ser proscritas segundo as Convenções de Viena de 1988, de Palermo e de Mérida.[23]Afora tal semelhança com referidas convenções, a relação não indica ter sido baseada em estudo prévio acerca das modalidades criminosas lucrativas ou que necessitem de vultosas quantias para a operacionalização de suas atividades. Isso justifica a crítica de João Conde Correia sobre a ausência de inclusão de condutas reconhecidamente lucrativas, como o roubo e a extorsão[24] ou mesmo os crimes contra a economia popular.[25]

A crítica é reforçada pela adoção de critérios flexíveis em outros países, a exemplo da Inglaterra. A introdução do confisco alargado na Inglaterra é vinculada à repressão estatal ao

22. Os tipos foram descritos conforme a denominação legal em Portugal.
23. GODINHO, Jorge. Brandos costumes? O confisco penal com base na inversão do ónus da prova (Lei nº 5/2002, de 11 de janeiro, artigos 1º e 7º a 12º). In: ANDRADE, Manuel da Costa *et al* (orgs). ***Liber Discipulorum* para Figueiredo Dias.** Coimbra: Coimbra, 2003.
24. "As escolhas efetuadas são, assim, insuficientes, polémicas e pouco inteligíveis, dificilmente se deixando reconduzir a um denominador comum que explicite a política e a *mens legislatoris*" (CORREIA, João Conde.**Da Proibição do Confisco à Perda Alargada**. Lisboa: Imprensa Nacional, 2012, posição 2.218, versão *kindle*). A perplexidade também é sentida por outros autores, a exemplo de Hélio Rigor Rodrigues e Carlos Reis Rodrigues. RIGOR RODRIGUES, Hélio; REIS RODRIGUES, Carlos A. **Recuperação de activos na criminalidade económico-financeira**: viagem pelas idiossincracias de um regime de perda de bens em expansão. Sindicato dos Magistrados do Ministério Público, s/d, p. 215.
25. CORREIA, João Conde. Presunção de proveniência ilícita de bens para perda alargada: anotação aos acórdãos do Tribunal Constitucional nºs 101, 392 e 476/2015. **Revista do Ministério Público**, n. 145, 2016 p. 69.

tráfico de drogas, à lavagem de dinheiro e ao terrorismo e foi previsto, originalmente, no *Drug Trafficking Act.*[26] Em 2000, o estudo encomendado pelo governo britânico concluiu que o sistema vigente até então era disfuncional e não cumpria com a sua finalidade[27], o que levou, em 2002, à edição do *Proceeds of Crime Act* (POCA). A aplicação do confisco alargado exige a satisfação de um dos três requisitos elencados na legislação: a condenação por um dos crimes do catálogo ou a exibição de um "modo de vida criminoso",[28] preenchido com base na reiteração criminosa ou na realização de prática criminosa por período acima de seis meses. Transcreve-se o dispositivo indicado na seção 75 do POCA:[29]

> 75. Modo de vida criminoso
>
> (1) O condenado possui um modo de vida criminoso apenas (e apenas se) a seguinte condição for satisfeita.
>
> (2) A condição é que aquele crime (ou quaisquer dos crimes) satisfaça qualquer um destes requisitos:
>
> (a) esteja especificado no anexo 2;

---

26. RYDER, N. To Confiscate or not to confiscate? A comparative analysis of the confiscation of the proceeds of crime legislation in the United States of America and the United Kingdom. **Journal of Business Law**, 8, 2013, p. 767.

27. UNITED KINGDOM. Recovering the Proceeds of Crime: a performance and inovation unit report. June, 2000, p. 5. Disponível em: <https://www.parliament.uk> Acesso em: 19 set 2017.

28. *Criminal lifestyle.*

29. "*75. Criminal lifestyle. (1) A defendant has a criminal lifestyle if (and only if) the following condition is satisfied. (2) The condition is that the offence (or any of the offences) concerned satisfies any of these tests – (a) it is specified in Schedule 2; (b) it constitutes conduct forming part of a course of criminal activity; (c) it is an offence committed over a period of at least six months and the defendant has benefited from the conduct which constitutes the offence*". UNITED KINGDOM. **Proceeds of Crime Act. 2002**. Disponível em: <https://www.parliament.uk> Acesso em: 19 set 2017.

(b) a conduta seja reconhecida como parte de atividade criminosa em curso;

(c) o crime foi praticado pelo período mínimo de seis meses e o condenado se beneficiou dele;

O ponto essencial e de importância para a crítica apresentada é que a legislação exige para as condutas descritas nas alíneas b e c que o proveito da atividade criminosa supere £5.000,00. Conforme a a redação do subitem 4 da Seção 75 do POCA, "o crime atenderá os requisitos da subseção 2, letras b e c, se o condenado obter benefício relevante superior a £5000".[30] O exemplo inglês demonstra a viabilidade em utilizar um critério objetivo e ao mesmo tempo flexível para a depuração da seleção de crimes que vão ao encontro da finalidade da perda alargada em afetar apenas condutas de maior lesividade.

A despeito da crítica, o legislador português amainou a aplicação indiscriminada da perda alargada em relação a alguns crimes contidos no rol. O lenocínio, o contrabando, o tráfico e a viciação de veículos exigem a prática concomitante no contexto de organização criminosa, por força do parágrafo 2º do art. 1º da Lei nº 5/2002. O legislador criou duas categorias: uma que sempre permite a aplicação do confisco e outra que demanda sua conjugação com a estrutura qualificada da organização criminosa.[31] Tanto a justificativa do projeto de lei

---

30. "(4) But an offence does not satisfy the test in subsection (2)(b) or (c) unless the defendant obtains relevant benefit of not less than £5000".

31. GODINHO, Jorge. Brandos costumes? O confisco penal com base na inversão do ónus da prova (Lei nº 5/2002, de 11 de janeiro, artigos 1º e 7º a 12º). In: ANDRADE, Manuel da Costa *et al* (orgs). ***Liber Discipulorum* para Figueiredo Dias.** Coimbra: Coimbra, 2003, p. 1.340. À falta de critério legal, o conceito de organização criminosa é retirado da Convenção de Palermo. CAIRES, João Gouveia. O regime processual especial aplicável ao crime organizado (Económico-Financeiro): âmbito de aplicação da Lei nº

à época da apresentação ao Legislativo[32] quanto a sustentação oral do Ministro da Justiça nos debates legislativos[33] confirmam o tratamento bipartido da legislação. Cumpre registrar que o rol atual de crimes que exigem a integração a uma organização criminosa é menor do que o exigido na redação original da Lei nº 5/2002, pois à época, o tráfico de menores e a contrafacção de moedas e títulos não bastavam por si só para a perda alargada. Vê-se, de qualquer modo, que a possibilidade de aplicação indiscriminada é reduzida em tais crimes.

Não basta, contudo, a prática de tais crimes, faz-se necessário a identificação de patrimônio sob a propriedade do autor do delito.

2.2.2 Patrimônio do condenado

Pressuposto de ordem jurídica e lógica, a acusação deve identificar o patrimônio do réu. A Lei nº 5/2002 utilizou o

5/2002, de 11 de janeiro, o regime do sigilo e do registo de voz e imagem. In: PALMA, Maria Fernanda; DIAS, Augusto Silva; SOUSA MENDES, Paulo de (org.). **Direito Penal Econômico e Financeiro**: conferências do Curso Pós-Graduado de Aperfeiçoamento. Coimbra: Coimbra Editora, 2012, p. 464 e 474).

32. "Parte deles são incluídos apenas se forem praticados de forma organizada, dado que só assim eles são abrangidos pela *ratio* desta proposta, que não visa à pequena criminalidade". Disponível em: <http://app.parlamento.pt/>. Acesso em: 31 jan 2017.

33. "A primeira proposta de lei que temos em debate estabelece um regime especial de recolha de provas e perda de bens a favor do Estado aplicável aos crimes de tráfico de droga, terrorismo, tráfico de armas, corrupção, branqueamento de capitais, associações criminosas e, ainda, quando praticados sob forma organizada, ao contrabando, tráfico de veículos, lenocínio, tráfico de menores e contrafacção de moeda". Trecho do debate legislativo. PORTUGAL, Diário da Assembleia da República, 2011, p. 22-41. Disponível em: <https://www.parlamento.pt> Acesso em: 15 set 2017. *Vide* o inteiro teor da justificativa no Diário da Assembleia da República, II, nº 76, de 18/07/2011, p. 66-71.

critério econômico de patrimônio de modo a abranger "todas as posições ou situações economicamente valiosas tituladas pelo condenado",[34] ainda que sob o aspecto formal o proprietário seja outra pessoa.

Seguindo esse critério, a alínea a do parágrafo 2º do art. 7º considera sob a propriedade do condenado os bens que estejam em sua titularidade ou que em relação aos quais ele detenha o domínio e o benefício. A referência à titularidade não comporta maiores dificuldades já que os bens assim entendidos são aqueles que pertencem formalmente ao condenado.

Dúvida pode existir em relação à segunda parte da alínea *a*, quando inclui no conceito de patrimônio todos os bens que o condenado tenha o domínio e o benefício. O ponto essencial é identificar se o condenado possui poder decisório e é beneficiário dos bens, a despeito da constituição fictícia da propriedade para outra pessoa,[35] como costuma ocorrer com as pessoas jurídicas constituídas em paraísos fiscais – *offshores* – com o único intuito de ocultar a pessoa física beneficiárias das posições ativas assumidas pela sociedade.[36]

---

34. CORREIA, João Conde. **Da proibição do confisco à perda alargada**. Lisboa: Imprensa Nacional, 2012, posição 2.252, versão *kindle*.

35. RIGOR RODRIGUES, Hélio; REIS RODRIGUES, Carlos A. **Recuperação de activos na criminalidade económico-financeira**: viagem pelas idiossincracias de um regime de perda de bens em expansão. Sindicato dos Magistrados do Ministério Público, s/d, p. 228.

36. GODINHO, Jorge. Brandos costumes? O confisco penal com base na inversão do ónus da prova (Lei nº 5/2002, de 11 de janeiro, artigos 1º e 7º a 12º). In: ANDRADE, Manuel da Costa *et al* (orgs). ***Liber Discipulorum* para Figueiredo Dias.** Coimbra Editora, 2003, p. 1.345. Para o conceito de *offshore*: DALLAGNOL, Deltan Martinazzo. Tipologias de Lavagem. In: CARLI, Carla Veríssimo de (Orgs). **Lavagem de dinheiro**: prevenção e controle penal. Porto Alegre: Verbo Jurídico, 2011, p. 346.

A legislação utiliza como marco inicial para a identificação do patrimônio a data da constituição do condenado como arguido. Para tanto, considera arguido "a pessoa relativamente a qual exista indício de que cometeu ou se prepara para cometer um crime, ou que nele participou ou se prepara para participar".[37] Trata-se de suspeito constituído formalmente como tal pela polícia criminal ou pela autoridade judiciária, conforme disciplinam os arts.57 a 59 do Código de Processo Penal português.

De modo a evitar a transferência fraudulenta de bens, a alínea b considera ainda como inseridos no patrimônio os bens transferidos a título gratuito ou mediante contraprestação irrisória. Basta a transferência gratuita ou mediante valor irrisório para permitir a inclusão do bem no patrimônio do condenado.[38]

Por último, a alínea c inclui no patrimônio do condenado todos os bens "recebidos pelo arguido nos cinco anos anteriores à constituição como arguido, ainda que não se consiga determinar o seu destino". Embora não expressamente, a legislação embute a premissa de que todo o patrimônio foi adquirido no quinquênio anterior à constituição do condenado como arguido.[39] Cabe ao réu, e não à acusação, demonstrar que

37. SILVA, Germano Marques da. **Curso de Processo Penal**. 6 ed. Lisboa: Verbo, 2010, v. I, p. 300.

38. Jorge Godinho defende que beneficiário da doação pode defender a legitimidade do negócio jurídico (GODINHO, Jorge. Brandos costumes? O confisco penal com base na inversão do ónus da prova (Lei nº 5/2002, de 11 de janeiro, artigos 1º e 7º a 12º). In: ANDRADE, Manuel da Costa *et al* (orgs). ***Liber Discipulorum* para Figueiredo Dias.** Coimbra:Coimbra, 2003, p. 1.345).

39. GODINHO, Jorge. Brandos costumes? O confisco penal com base na inversão do ónus da prova (Lei nº 5/2002, de 11 de janeiro, artigos 1º e 7º a 12º). In: ANDRADE, Manuel da Costa *et al* (orgs). ***Liber Discipulorum***

determinado bem utilizado como parâmetro para a definição da incompatibilidade foi adquirido antes do início do marco inicial.[40]

O marco para a aferição da titularidade dos bens nas alíneas b e c será o quinquênio anterior à data em que o condenado foi constituído com arguido, e não mais a data em que ele foi constituído como tal. Hélio Rigor Rodrigues e Carlos Reis Rodrigues justificam que o prazo de cinco anos é equivalente ao período exigido para a guarda de documentos fiscais e que seria por demais oneroso pretender que o condenado comprovasse a origem de bem adquirido após este lapso temporal. Como ainda registram os autores, a definição de um prazo fixo também é observada em outras legislações, a exemplo da inglesa que estabelece o período de seis anos.[41]

Não bastam, contudo, a condenação por crime previsto no catálogo e a existência de patrimônio. O valor do patrimônio deve ser incompatível com a renda conhecida do condenado, conforme será analisado a seguir.

---

para Figueiredo Dias. Coimbra Editora, 2003, p. 1.320. No mesmo sentido: MARQUES, Paulo Silva. O confisco ampliado no Direito Penal português. In: **Lusíada.** Direito. Lisboa: Universidade Lusíada, 2003, p. 307.

40. RIGOR RODRIGUES, Hélio. Perda de bens no crime de tráfico de estupefacientes: harmonização dos diferentes regimes jurídicos aplicáveis. **Revista do Ministério Público**, n. 134, 2014, p. 236.

41. RIGOR RODRIGUES, Hélio; REIS RODRIGUES, Carlos A. **Recuperação de activos na criminalidade económico-financeira**: viagem pelas idiossincracias de um regime de perda de bens em expansão. Sindicato dos Magistrados do Ministério Público, s/d, p. 242. Outros países consideram todo o patrimônio do condenado ilícito, sem a prefixação de um recorte temporal, a exemplo da Alemanha, da Itália e da Holanda.SIMÕES, Euclides Dâmaso; TRINDADE, José Luís F. Recuperação de Activos: da perda ampliada à *actio in rem* (virtudes e defeitos de remédios fortes para patologias graves). **Revista Julgar *On Line*.** 2009, p. 5.

2.2.3 Incompatibilidade entre o patrimônio e a renda

O último requisito é a incompatibilidade entre o patrimônio e renda do réu. Nos termos do *caput* do art. 7º da Lei nº 5/2002, tal requisito é preenchido mediante a "diferença entre o valor do património do arguido e aquele que seja congruente com o seu rendimento lícito".[42]

A renda a ser considerada na avaliação é a existente em bases de dados oficiais, primordialmente, a declaração fiscal do réu, apresentando tal desconformidade na fase descrita no art. 8º, conforme será visto mais abaixo.[43]

A avaliação da compatibilidade entre o patrimônio e a renda não apresenta maiores dificuldades quanto o bem incluído no patrimônio do condenado é conhecido. De acordo com João Conde Correia, os bens identificados devem ser avaliados pelo valor líquido, excluindo-se eventual dívida vinculada a ele. Se de algum modo o bem gerou juros ou lucros, eles também devem ser incluídos. Por fim, como aponta o autor, a aferição da incompatibilidade é realizada em cada exercício, em nada influenciando na análise o saldo atual disponível ou o valor contemporâneo da propriedade.[44]Nas palavras de Hélio Rigor Rodrigues e Carlos

---

42. PORTUGAL. **Lei nº 5/2002**. Lisboa, 11 de janeiro de 2002.Disponível em: <https://www.parlamento.pt> Acesso em: 15 set 2017.
43. RIGOR RODRIGUES, Hélio; REIS RODRIGUES, Carlos A. **Recuperação de activos na criminalidade económico-financeira**: viagem pelas idiossincracias de um regime de perda de bens em expansão. Sindicato dos Magistrados do Ministério Público, s/d, p. 240.
44. CORREIA, João Conde. **Da proibição do confisco à perda alargada**. Imprensa Nacional: Lisboa, 2012, posição 2.309, versão *kindle*. O confisco do patrimônio bruto ou líquido é objeto de discussão na Alemanha, Itália e Estados Unidos, conforme estudo apresentado por Solon Cícero Linhares. LINHARES, Solon Cícero. **Confisco de bens**: uma medida penal, com efeitos civis contra a corrupção. São Paulo: Revista dos Tribunais, 2016, p. 99.

A. Reis Rodrigues, deve-se realizar "uma reconstituição histórica do rendimento do arguido, e consequente verificação se nesse momento se verificava o juízo de incongruência".[45]

Dificuldade pode existir na hipótese em que o patrimônio deva ser calculado unicamente pela movimentação de ativos pelo condenado. De acordo com Tiago Misael de Jesus Martins, citando o *Internal Revenue Code* utilizado como referência nos Estados Unidos, quatro métodos se destacam na literatura internacional para a identificação patrimonial. O primeiro é o método do pagamento específico utilizado para "rastrear um pagamento ou um conjunto de pagamentos determinados de um alvo ou para um alvo".[46] O segundo é o método do patrimônio líquido, ou *net worth method*, que toma como referência um patrimônio base em determinado ano e, após cada exercício, é adicionado um determinado montante de valor líquido de despesas, permitindo-se ao final a indicação do patrimônio líquido total. O terceiro método é o de despesas, por meio do qual o órgão de apuração identifica as despesas efetivas do investigado e as coteja com a renda, permitindo apontar o montante incompatível com seus rendimentos lícitos. O quarto e último método é o de análise de depósitos bancários, ou *bank deposit method*, que busca aferir o montante circulante na conta bancária do investigado, ainda que ele não apresente variação patrimonial ou não realize despesas incompatíveis com sua renda.[47]

---

45. RIGOR RODRIGUES, Hélio; REIS RODRIGUES, Carlos A. **Recuperação de activos na criminalidade económico-financeira**: viagem pelas idiossincracias de um regime de perda de bens em expansão. Sindicato dos Magistrados do Ministério Público, s/d, p. 239.

46. MARTINS, Tiago Misael de Jesus. **Investigação financeira**: coleta, análise e uso de dados. 2016, p. 54. Obra no prelo.

47. MARTINS, Tiago Misael de Jesus. **Investigação financeira**: coleta, análise e uso de dados. 2016, p. 54, 58 e 60. Obra no prelo.

2.2.4 Carreira criminosa anterior

Além dos requisitos descritos expressamente na Lei nº 5/2002, parcela da doutrina sustenta que o Ministério Público deveria apresentar elementos probatórios indicativos da realização de atividade criminosa anterior pelo condenado.[48] Caberia à acusação demonstrar a existência de carreira criminosa atrelada ao crime pelo qual o réu foi condenado e vincular os bens indicados na liquidação a essa atividade criminosa.[49] A interpretação baseia-se em dois argumentos.

O primeiro argumento é o de que a Lei nº 5/2002 diferencia o tratamento da condenação por um crime do catálogo com a referência à atividade criminosa no *caput* do art. 7º. A condenação por um dos crimes seria uma condição necessária para o Ministério Público demonstrar a existência de carreira criminosa anterior e, a partir daí, o art. 7º, *caput*, autorizaria presumir que a desconformidade patrimonial decorreria do exercício da atividade criminosa. A prova seria atenuada, pois

---

48. PANZERI, André de Almeida. A Sanção de Perda de Bens no Direito Penal Econômico. Análise comparativa dos modelos português e brasileiro. **Revista Brasileira de Ciências Criminais**, v. 52, 2005, p. 30. No mesmo sentido: CUNHA, José Manoel Damião. Perda de bens a favor do Estado. Arts. 7º-12, da Lei nº 5/2002, de 11 de Janeiro (Medidas de Combate à Criminalidade Organizada e Económico-Financeira). In: **Medidas de combate à criminalidade organizada e económico-financeira.** Centro de Estudos Judiciários. Coimbra: Coimbra, 2004, p. 127; CAEIRO, Pedro. Sentido e Função do Instituto da Perda de Vantagens Relacionadas com o Crime no Confronto com outros Meios de Prevenção da Criminalidade Reditícia (em especial, os procedimentos de confisco *in rem* e a criminalização do enriquecimento ilícito). **Revista Portuguesa de Ciência Criminal,** ano 21, n.2, 2011, p. 313.

49. CUNHA, José Manoel Damião. Perda de bens a favor do Estado. Arts. 7º-12, da Lei nº 5/2002, de 11 de Janeiro (Medidas de Combate à Criminalidade Organizada e Económico-Financeira). In: **Medidas de combate à criminalidade organizada e económico-financeira.** Centro de Estudos Judiciários. Coimbra: Coimbra, 2004, p. 127.

ela "não tem que ser tão concludente quanto a da questão principal, consistindo na demonstração de indícios ou elementos que permitam tornar plausível (ou então muito provável) a existência de anteriores actos similares aos acusados".[50] Não fosse assim, acrescenta Pedro Caeiro, a Lei nº 5/2002 cairia no raciocínio circular de que o patrimônio incongruente demonstra a carreira criminosa anterior que por sua ver justifica a origem do patrimônio.[51]

O segundo argumento repousa sob a possibilidade de a dispensa da prova da atividade criminosa levar à perda alargada por um ato criminoso esporádico. José Manoel Damião da Cunha exemplifica com as situações em que o condenado esteve privado de sua liberdade nos cinco anos anteriores à constituição como arguido ou, no caso de corrupção, o funcionário público que ingressou no órgão apenas três anos antes da constituição como arguido.

A interpretação não é a prevalecente em Portugal. Hélio Rigor Rodrigues e Carlos A. Reis Rodrigues afastam o primeiro argumento sob a justificativa de que a condenação por um dos crimes do catálogo autoriza o legislador a inferir a existência de carreira criminosa anterior e vincular o patrimônio a descoberto a ela. A legitimidade da presunção apoia-se na máxima de experiência de que determinados crimes pressupõem uma

---

50. CUNHA, José Manoel Damião. Perda de bens a favor do Estado. Arts. 7º-12, da Lei nº 5/2002, de 11 de Janeiro (Medidas de Combate à Criminalidade Organizada e Económico-Financeira). In: **Medidas de combate à criminalidade organizada e económico-financeira.** Centro de Estudos Judiciários. Coimbra: Coimbra, 2004, p. 125 e 127.

51. CAEIRO, Pedro. Sentido e Função do Instituto da Perda de Vantagens Relacionadas com o Crime no Confronto com outros Meios de Prevenção da Criminalidade Reditícia (em especial, os procedimentos de confisco *in rem* e a criminalização do enriquecimento ilícito). **Revista Portuguesa de Ciência Criminal,** ano 21, n 2, 2011, p. 315.

carreira criminosa anterior e que a ausência de explicação razoável para o incremento patrimonial permite concluir que ele é resultado da atividade delituosa.[52] O argumento está em linha com o parágrafo 21 do preâmbulo da Diretiva 2014/42/UE do Parlamento Europeu e do Conselho ao prever que a decisão da perda alargada "não implica a obrigatoriedade de provar que os bens em causa provêm de comportamento criminoso" e que "o facto de os bens da pessoa serem desproporcionados em relação aos seus rendimentos legítimos poderá ser um dos elementos que levam o tribunal a concluir que os bens provêm de comportamento criminoso".[53]

João Conde Correia acrescenta ainda que o texto legal não oferece suporte para tal interpretação e que a imposição deste ônus para o Ministério Público tornaria o novo instituto inócuo pois se o órgão de acusação não imputou ao condenado a atividade criminosa anterior é porque não detinha elementos probatórios suficientes para iniciar o processo penal.[54]

De acordo com os autores citados, a presunção não desborda do espaço de liberdade conferido ao legislador tanto em razão da ausência de caráter sancionatório da perda alargada quanto da razoabilidade em exigir do réu que justifique a origem de seu patrimônio.[55]

---

52. RIGOR RODRIGUES, Hélio; REIS RODRIGUES, Carlos A. **Recuperação de activos na criminalidade económico-financeira**: viagem pelas idiossincracias de um regime de perda de bens em expansão. Sindicato dos Magistrados do Ministério Público, s/d, p. 225.
53. UE. UNIÃO EUROPEIA. Diretiva 2014/42/UE do Parlamento Europeu e do Conselho, de 3 de abril de 2014. **Jornal Oficial da União Europeia**. Disponível em: <www.eur-lex.europa.eu>. Acesso em 25 out. 17.
54. CORREIA, João Conde. **Da Proibição do Confisco à Perda Alargada**. Lisboa: Imprensa Nacional, 2012, posição 2.340, versão *kindle*.
55. CORREIA, João Conde. **Da Proibição do Confisco à Perda Alargada**. Lisboa: Imprensa Nacional, 2012, posição 2.340, versão *kindle;* RIGOR

Por fim, Hélio Rigor Rodrigues e Carlos A. Reis Rodrigues apresentam um argumento histórico de relevo. A redação original do *caput* do art.7º da Lei n 5/2002 estabelecia a presunção de que o patrimônio a descoberto era resultado "da atividade criminosa". Em 6 de fevereiro de 2002, a Declaração de Retificação nº 5/2002 alterou a redação do *caput* para estabelecer que o patrimônio presumia-se ser resultado "de actividade criminosa",[56] sem exigir, portanto, a demonstração de uma atividade específica ou determinada no período de incremento patrimonial.

O segundo argumento apresentado por José Manoel Damião da Cunha também é enfrentado por Hélio Rigor Rodrigues e Carlos A. Reis Rodrigues. Em relação ao exemplo do funcionário público com tempo inferior ao quinquênio estabelecido pela presunção, os autores alertam que o enquadramento seria um falso problema, pois a atividade criminosa presumida não precisa ser idêntica, dispensando, portanto, que o condenado exiba as mesmas condições pessoais que levaram à imputação do crime pelo Ministério Público.[57] De todo modo, e em observação que serve para refutar o primeiro exemplo apresentado por José Manuel Damião da Cunha, a aplicação do instituto não é estanque e admite certo controle pelas partes através do princípio da proporcionalidade. A má-

---

RODRIGUES, Hélio; REIS RODRIGUES, Carlos A. **Recuperação de activos na criminalidade económico-financeira**: viagem pelas idiossincracias de um regime de perda de bens em expansão. Sindicato dos Magistrados do Ministério Público, s/d, p. 226 e 229.

56. PORTUGAL. **Declaração de Rectificação nº 5/2002**. Lisboa, 6 de fevereiro de 2002. Disponível em: <https://www.parlamento.pt> Acesso em: 15 set 2017.

57. RIGOR RODRIGUES, Hélio; REIS RODRIGUES, Carlos A. **Recuperação de activos na criminalidade económico-financeira**: viagem pelas idiossincracias de um regime de perda de bens em expansão. Sindicato dos Magistrados do Ministério Público, s/d, p. 244.

xima de experiência subjacente à presunção da origem ilícita do patrimônio pode ser afastada pela acusação ou pela defesa em razão de fatos concretos que indiquem a possibilidade de incremento patrimonial no quinquênio anterior referido na legislação.[58]

O Tribunal Constitucional de Portugal ainda não foi levado a se manifestar a respeito da presença deste requisito adicional. Nos três acórdãos conhecidos e analisados em tópico abaixo, a questão não foi posta em análise expressamente. De todo modo, a conclusão dos acórdãos pela natureza civil do instituto parece indicar a incompatibilidade da exigência de demonstrar a carreira criminosa anterior, como defende João Conde Correia em artigo sobre o tema.[59]

2.3 NATUREZA JURÍDICA DO CONFISCO E DA PERDA ALARGADA

A natureza do confisco é objeto de rico debate em Portugal. Embora o autor brasileiro Alceu Correa Junior sustente que no ordenamento português o instrumento representa uma espécie de pena[60], os posicionamentos divergem entre natureza penal, administrativa e cível.[61]

---

58. RIGOR RODRIGUES, Hélio; REIS RODRIGUES, Carlos A. **Recuperação de activos na criminalidade económico-financeira**: viagem pelas idiossincracias de um regime de perda de bens em expansão. Sindicato dos Magistrados do Ministério Público, s/d, p. 242.

59. CORREIA, João Conde. Presunção de proveniência ilícita de bens para perda alargada: anotação aos acórdãos do Tribunal Constitucional nºs 101, 392 e 476/2015. **Revista do Ministério Público**, n. 145, 2016, p. 220.

60. CORREA JUNIOR, Alceu. **Confisco penal**: alternativa à prisão e aplicação aos delitos econômicos. São Paulo: IBCCRIM, 2006, p. 97.

61. ESSADO, Tiago Cintra. **A perda de bens e o novo paradigma para o processo penal brasileiro**. Rio de Janeiro: Lumen Juris, 2015, p. 12.

Os defensores da primeira posição têm como argumento a origem do procedimento em que o confisco é aplicado e, especialmente, a finalidade preventiva de evitar novos crimes. Jorge de Figueiredo Dias considera o confisco dos instrumentos do crime como uma sanção de natureza análoga à da medida de segurança, pois exige-se a prática de um fato ilícito-típico e também algum grau de periculosidade para a ordem pública. No mesmo sentido segue a natureza dos produtos do crime. Para o autor também as vantagens representariam medida análoga à medida de segurança pois apresentariam como política criminal a prevenção geral de crimes – reforçando o adágio de que o crime não compensa – e a prevenção especial para o autor do delito.[62]

João Conde Correia também se posiciona a favor de reconhecer o confisco dos instrumentos e produtos como medida análoga à da medida de segurança, pelas razões elencadas acima. Em relação às vantagens do crime, o autor indica posicionar-se também a favor de reconhecer a mesma natureza, embora apresente ressalvas quanto à circunstância de o confisco das vantagens não depender da periculosidade.[63]

O autor afasta a possibilidade de reconhecer a natureza de pena para os instrumentos, os produtos ou as vantagens do crime, pois o confisco poderá ocorrer mesmo quando arquivado o inquérito.[64] O art. 109, parágrafo 2ª, e o art. 110, parágrafo 5º, do Código Penal português admitem a perda

62. FIGUEIREDO DIAS, Jorge de. **Direito Penal Português**. Cimbra: Coimbra, 2005, p. 628 e 638.A posição do autor em relação aos produtos do crime é anterior à modificação do Código Penal português pela Lei nº 30/2017, que dispensou o requisito da periculosidade para os produtos do crime.

63. CORREIA, João Conde. **Da proibição do confisco à perda alargada**. Lisboa: Imprensa Nacional, 2012, posições 1.789, 2.104 e 2.130, versão *kindle*.

64. CORREIA, João Conde. **Da proibição do confisco à perda alargada**. Lisboa: Imprensa Nacional, 2012, posições 1.768 e 2.098, versão *kindle*.

de tais objetos nesta situação. Esse dispositivo é ratificado pela jurisprudência portuguesa, ao reconhecer que o confisco "não é uma pena nem um efeito da pena, mas uma medida autónoma essencialmente preventiva que não depende sequer da efectiva condenação do Réu, não beneficiando da suspensão da execução da pena".[65-66]

A mesma discussão é observada em relação ao confisco alargado. Para Jorge Godinho, a natureza penal estaria assentada na vinculação a uma condenação penal e no contexto processual penal em que as provas são produzidas, representando em si uma "reação penal de suspeita".[67] Maria José Matos reforça a natureza penal apontando como elemento adicional o caráter preventivo, tanto no aspecto geral quanto especial.[68] Para Paulo Silva Marques, o instituto teria natureza de pena, pois estaria vinculado a uma condenação anterior.[69]

João Conde Correia afasta este posicionamento reconhecendo que o confisco "não pressupõe a determinação da culpa do arguido, nem tem caráter sancionatório [...].

65. PORTUGAL. Tribunal da Relação do Porto, Secção Criminal, **Acórdão de 31 de março de 1993**.Disponível em: <https://www.trp.mj.pt> Acesso em: 17 out 2017. No mesmo sentido: PORTUGAL. Supremo Tribunal de Justiça. **Acórdão de 13/11/1985**.Disponível em: <https://www.stj.pt> Acesso em: 17 out 2017.

66. RIGOR RODRIGUES, Heélio. Perda de bens no crime de tráfico de estupefacientes: harmonização dos diferentes regimes jurídicos aplicáveis. **Revista do Ministério Público**, n. 134, 2013, p. 201.

67. GODINHO, Jorge. Brandos costumes? O confisco penal com base na inversão do ónus da prova (Lei nº 5/2002, de 11 de janeiro, artigos 1º e 7º a 12º). In: ANDRADE, Manuel da Costa *et al* (orgs). ***Liber Discipulorum* para Figueiredo Dias.** Coimbra Editora, 2003, p. 1.350 e 1.351.

68. MATOS, Maria José. **Perda de Bens na Lei nº 5/2002**: "requiem" pelo Estado de Direito. Edições Esgotadas, 2017, p. 30.

69. MARQUES, Paulo Silva. O confisco ampliado no Direito Penal português. In: **Lusíada**. Direito. Lisboa: Universidade Lusíada, 2003, p. 314.

A natureza extrapenal do mecanismo arrasta mais esta consequência processual".[70] Ademais, o confisco alargado não encontra restrição no caráter personalíssimo da pena eis que pode afetar terceiros adquirentes dos bens reconhecidos como de origem ilícita.[71]

Defensor por sua vez da natureza administrativa, José Manoel Damião da Cunha considera que a perda alargada representa uma medida similar à medida de segurança, motivada pela dupla finalidade de combater o lucro ilícito e a reduzir o espectro da atividade econômica ilícita.[72] No mesmo sentido segue Pedro Caeiro.[73]

Destaca-se, por fim, o posicionamento pela natureza exclusivamente civil do instituto. Em comentário à jurisprudência relativa ao tema, João Conde Correia registra que a perda alargada representa um mero retorno ao estado anterior da atividade criminosa demonstrada indiretamente, não passando de "um mecanismo civil, inserido no processo penal, de reposição de

70. CORREIA, João Conde. **Da proibição do confisco à perda alargada**. Lisboa: Imprensa Nacional, 2012, posição 2.466, versão *kindle*.

71. RIGOR RODRIGUES, Hélio; REIS RODRIGUES, Carlos A. **Recuperação de activos na criminalidade económico-financeira**: viagem pelas idiossincracias de um regime de perda de bens em expansão. Sindicato dos Magistrados do Ministério Público, s/d, p. 188.

72. CUNHA, José Manoel Damião. Perda de bens a favor do Estado. Arts. 7º-12, da Lei nº 5/2002, de 11 de Janeiro (Medidas de Combate à Criminalidade Organizada e Económico-Financeira). In: **Medidas de combate à criminalidade organizada e económico-financeira.** Centro de Estudos Judiciários. Coimbra: Coimbra, 2004, p. 134.

73. CAEIRO, Pedro. Sentido e Função do Instituto da Perda de Vantagens Relacionadas com o Crime no Confronto com outros Meios de Prevenção da Criminalidade Reditícia (em especial, os procedimentos de confisco *in rem* e a criminalização do enriquecimento ilícito). **Revista Portuguesa de Ciência Criminal**. Abril-Junho 2011, ano 21, nº 2, p. 311.

uma situação patrimonial contrária ao direito".[74] Hélio Rigor Rodrigues e Carlos A. Reis Rodrigues ressaltam que a ausência de legitimidade da propriedade obtida ilicitamente afasta qualquer caráter punitivo da perda alargada ou mesmo de medida de segurança, sendo o instituto um instrumento do Estado para restaurar "a situação que existia no momento anterior à prática do facto ilítico".[75] Em artigo de referência, Hélio Rigor Rodrigues afirma ainda que o confisco é apenas uma das consequências jurídicas do fato penal e está muito próximo à responsabilidade civil, uma vez que é orientado sob a ótica patrimonial de prejuízo ou de benefício que visa restaurar o *status quo* anterior ao crime.[76]

Vê-se que ao menos doutrinariamente a natureza do instituto ainda é discutida com sólidos argumentos em Portugal. Como analisado no item 2.5, o posicionamento pela natureza civil parece ter sido reforçado pelo acórdão 392/2015 do Tribunal Constitucional de Portugal ao afirmar que a decisão de perda não se funda "num juízo de censura ou de culpabilidade em termos ético-jurídicos, nem num juízo de concreto perigo daqueles ganhos servirem para a prática de futuros crimes".[77]A sinalização da recente jurisprudência pode representar a consolidação do reconhecimento da natureza civil do instituto, o que demandará certo distanciamento temporal até a efetiva avaliação deste processo de interpretação da norma.

---

74. CORREIA, João Conde. Presunção de proveniência ilícita de bens para perda alargada: anotação aos acórdãos do Tribunal Constitucional nºs 101, 392 e 476/2015. **Revista do Ministério Público**, n. 145, 2016, p. 213.

75. RIGOR RODRIGUES, Hélio; REIS RODRIGUES, Carlos A. **Recuperação de activos na criminalidade económico-financeira**: viagem pelas idiossincracias de um regime de perda de bens em expansão. Sindicato dos Magistrados do Ministério Público, s/d, p. 192.

76. RIGOR RODRIGUES, Hélio. Perda de bens no crime de tráfico de estupefacientes: harmonização dos diferentes regimes jurídicos aplicáveis. **Revista do Ministério Público**, n. 134, 2014, p. 204.

77. PORTUGAL.Tribunal Constitucional de Portugal. Acórdão 392/2015. Disponível em: <https://www.tribunalconstitucional.pt> Acesso em: 17 out 2017.

2.4 REGIME PROCESSUAL DA PERDA ALARGADA

O estudo das normas substantivas da perda alargada abre caminho para a análise do regime processual introduzido pela Lei nº 5/2002. Aspectos relativos ao rito processual, à contraprova, ao *standard* probatório e ao objeto da decisão, à aplicação da norma no tempo e ao prazo de prescrição são temas que despontam com o instituto e que são abordados diretamente ou indiretamente pela Lei nº 5/2002.

2.4.1 Processo penal patrimonial

A relevância concedida ao confisco de bens levou à necessidade de criação de um processo autônomo, circundado por finalidades, ritos e *standard* probatório próprios. Em relação à perda alargada, o processo penal principal continua a servir de elemento de influência em razão da relação de prejudicialidade com o confisco de bens, mas com ele não se confunde. Nas palavras de José Manoel Damião da Cunha, o procedimento da perda alargada "é autónomo porque tem um acto autónomo que o desencadeia (a liquidação) e tem uma estrutura, pelo menos probatória, de índole radicalmente diversa da do processo principal".[78]

A singularidade do procedimento da perda alargada e do confisco como um todo leva ao reconhecimento da autonomização[79] do procedimento patrimonial em relação ao

78. CUNHA, José Manoel Damião. Perda de bens a favor do Estado. Arts. 7º-12, da Lei nº 5/2002, de 11 de Janeiro (Medidas de Combate à Criminalidade Organizada e Económico-Financeira). In: **Medidas de combate à criminalidade organizada e económico-financeira.** Centro de Estudos Judiciários. Coimbra:Coimbra, 2004, p. 201.

79. Termo utilizado por João Conde Correia. CORREIA, João Conde. **Da proibição do confisco à perda alargada.** Lisboa: Imprensa Nacional, 2012, posição 766, versão *kindle*.

procedimento penal e ao desenvolvimento de um processo penal patrimonial próprio. Segue-se um movimento observado também em outros países de separação do processo voltado à responsabilidade penal do processo destinado ao acertamento patrimonial.[80]Distingue-se o processo penal patrimonial do processo penal clássico ou pessoal a partir da sanção passível de ser aplicada em cada. No processo patrimonial, o fim buscado visa alcançar os bens do sujeito investigado ou réu, enquanto que a sanção do processo penal clássico está envolta em questões relacionadas à liberdade pessoal do réu.[81]

O processo destinado à aplicação da perda alargada é resultado deste movimento de autonomização, conforme será demonstrado a seguir.

2.4.2 Liquidação

A perda alargada desenvolve-se, fundamentalmente, por meio de duas peças processuais: liquidação ou imputação patrimonial e defesa.[82]A liquidação[83] é a peça processual apresentada

80. SIMÕES, Euclides Dâmaso; TRINDADE, José Luís F. Recuperação de Activos: da perda ampliada à *actio in rem* (virtudes e defeitos de remédios fortes para patologias graves). **Revista Julgar *On Line*.** 2009, p. 34.

81. ESSADO, Tiago Cintra. **A perda de bens e o novo paradigma para o processo penal brasileiro.** Rio de Janeiro: Lumen Juris, 2015, p. 202.

82. "O incidente de confisco "alargado" é extremamente simplificado e consiste em duas peças processuais seguidas de decisão do tribunal". GODINHO, Jorge. Brandos costumes? O confisco penal com base na inversão do ónus da prova (Lei nº 5/2002, de 11 de janeiro, artigos 1º e 7º a 12º). In: ANDRADE, Manuel da Costa *et al* (orgs). ***Liber Discipulorum* para Figueiredo Dias.** Coimbra: Coimbra, 2003, p. 1346.

83. A nomenclatura é criticada por José Manoel Damião da Cunha, para quem o termo e estrutura processual assemelham o instituto a um contencioso tributário. CUNHA, José Manoel Damião. Perda de bens a favor do Estado. Arts. 7º-12, da Lei nº 5/2002, de 11 de Janeiro (Medidas de Combate à Cri-

pelo Ministério Público que inaugura o processo patrimonial de perda alargada. A peça possui três finalidades: apresenta o resultado da investigação financeira ou patrimonial, identifica os bens que integraram a análise da incongruência e delimita o limite da perda a ser declarada.[84]

Compete ao Ministério Público demonstrar no ato inicial a presença dos requisitos exigidos para a perda alargada: a prática dos crimes definidos no catálogo, a existência de bens e a incongruência patrimonial do acusado com a renda. A desconformidade patrimonial – ou liquidação do patrimônio[85] – deve seguir acompanhada do valor representativo do montante a descoberto. A indicação do patrimônio incongruente depende do critério de análise a ser utilizado[86] e, simplisticamente, resulta da operação de subtração do patrimônio ilícito pela renda lícita do acusado.

Cumpre ao órgão de acusação identificar e separar os bens lícitos dos ilícitos para permitir o exercício pleno da defesa, pois o réu não poderá afastar a presunção de ilicitude se não lhe for dado conhecer o bem que influenciou a liquidação. O referido ônus não implica a exigência de comprovar a origem criminosa do bem,[87] mas apenas a ausência de justificativa

---

minalidade Organizada e Económico-Financeira). In: **Medidas de combate à criminalidade organizada e económico-financeira.** Centro de Estudos Judiciários. Coimbra: Coimbra, 2004, p. 150.

84. RIGOR RODRIGUES, Hélio. Perda de bens no crime de tráfico de estupefacientes: harmonização dos diferentes regimes jurídicos aplicáveis. **Revista do Ministério Público**, n. 134, 2013, p. 241-242.

85. RIGOR RODRIGUES, Hélio; REIS RODRIGUES, Carlos A. **Recuperação de activos na criminalidade económico-financeira**: viagem pelas idiossincracias de um regime de perda de bens em expansão. Sindicato dos Magistrados do Ministério Público, s/d, p. 255.

86. Item 2.2 acima.

87. Para discussão mais aprofundada, item 2.2. acima.

para sua incorporação ao patrimônio do acusado. Devem ser excluídos da indicação do patrimônio os instrumentos, os produtos e as vantagens relacionados com o crime imputado no processo principal. Nas palavras de João Conde Correia, "a sua origem ilícita [dos instrumentos, produtos e vantagens] é certa e justifica, por si só, a perda, sem necessidade de outros requisitos adicionais".[88]

É fundamental ainda que o Ministério Público indique a data em que o réu foi constituído como arguido, termo que servirá de referência para a aplicação do período quinquenal previsto na alínea c do art. 7º da Lei nº 5/2002.

A liquidação deve ser apresentada no mesmo ato da acusação ou em até 30 dias antes da primeira audiência de instrução e pode ser alterada caso elementos probatórios supervenientes apontem a "inexactidão do valor antes determinado".[89]O momento da apresentação da petição é singular, pois os requisitos da perda alargada somente se aperfeiçoam com a condenação pelos crimes do catálogo ao final do processo, mas o rito da perda alargada é deflagrado antes da sentença condenatória. Somente após o trânsito em julgado da sentença é que a perda exibirá todos os seus efeitos; caso o réu seja absolvido ou condenado apenas por crimes que não estejam no catálogo, a imputação patrimonial será inócua.[90]

---

88. CORREIA, João Conde. **Da proibição do confisco à perda alargada**. Imprensa Nacional: Lisboa, 2012, posição 2.316, versão *kindle*. A perda de bens pode atrair a aplicação de mais de uma espécie de confisco em um mesmo caso (RIGOR RODRIGUES, Hélio. Perda de bens no crime de tráfico de estupefacientes: harmonização dos diferentes regimes jurídicos aplicáveis. **Revista do Ministério Público**, n. 134, 2013, p. 190).

89. Parágrafo 3º do artigo 8º da Lei nº 5/2002.

90. GODINHO, Jorge. Brandos costumes? O confisco penal com base na inversão do ónus da prova (Lei nº 5/2002, de 11 de janeiro, artigos 1º e 7º a 12º).

2.4.3 Defesa

Demonstrados os requisitos elencados para a aplicação da perda alargada – prática de crime relacionado no catálogo, existência de bens e incongruência patrimonial, opera-se a presunção de que os bens identificados ingressaram no patrimônio dentro do período quinquenal estabelecido pela Lei nº 5/2002 e que eles advêm de atividade criminosa anterior.

As hipóteses de ilisão da presunção *iuris tantum* são previstas taxativamente no parágrafo 3º do art. 9º da Lei nº 5/2002. A alínea a abrange a possibilidade de a defesa comprovar que o acusado exerce atividade lícita geradora de rendimentos que permitiram a aquisição dos bens indicados na liquidação. A alínea b trata ainda da linha defensiva demonstrar que os bens estavam sob o domínio do acusado para além do período quinquenal anterior à constituição como arguido, independentemente de qualquer relação com a origem da propriedade. Por fim, o texto legal explicita na alínea c a demonstração de que o acusado detinha recursos antes do quinquênio legal, a despeito de tê-los utilizado para adquirir um bem apontado como desconforme apenas nos cinco anos que antecederam a constituição do acusado como arguido. Conforme a observação de Hélio Rigor Rodrigues e Carlos A. Reis Rodrigues, a alínea c é uma conjugação das duas hipóteses de defesa anteriores, já que o acusado deverá demonstrar que possuía rendimentos antes do período depurador de cinco anos e que eles serviram para a aquisição dos bens.[91]

In: ANDRADE, Manuel da Costa *et al* (orgs). ***Liber Discipulorum*** **para Figueiredo Dias.** Coimbra Editora, 2003, p. 1.342.

91. RIGOR RODRIGUES, Hélio; REIS RODRIGUES, Carlos A. **Recuperação de activos na criminalidade económico-financeira**: viagem pelas idiossincracias de um regime de perda de bens em expansão. Sindicato dos Magistrados do Ministério Público, s/d, p. 234 e 236.

Cumpre observar que não cabe à defesa demonstrar que o bem adquirido fora do quinquênio legal ou os recursos disponíveis também fora deste período possuem origem lícita. Embora seja difícil a defesa demonstrar a existência de tais ativos sem apontar a origem, a presunção de ilicitude não segue além do quinquênio legal. Constituirá ônus da acusação apontar que os ativos de fato existiam, mas também estão contaminados pelo vício da ilicitude.[92]

Como último argumento de defesa, ainda que a Lei nº 5/2002 não trate explicitamente do tema, a peculiaridade de a liquidação e o objeto da decisão final desenvolverem-se ao redor de um valor identificado como incongruente, a impugnação pode versar a respeito da avaliação dos bens, de modo a afastar o valor final apontado como incongruente do patrimônio.

Quanto ao momento, a defesa deve ser apresentada na contestação se a liquidação for oferecida no momento da acusação ou em 20 dias contados da notificação se a liquidação for posterior à condenação.[93]

Por fim, a Lei nº 5/2002 não trata da possibilidade de notificação ou de intimação de terceiro ao qual o patrimônio do réu eventualmente pertença de modo dissimulado. João Conde Correia identifica no Código de Processo Penal português e na legislação extravagante dispositivos que instituem um estatuto processual do terceiro, a exemplo do art.178, parágrafo 7º, do

---

92. RIGOR RODRIGUES, Hélio; REIS RODRIGUES, Carlos A. **Recuperação de activos na criminalidade económico-financeira**: viagem pelas idiossincracias de um regime de perda de bens em expansão. Sindicato dos Magistrados do Ministério Público, s/d, p. 236.

93. GODINHO, Jorge. Brandos costumes? O confisco penal com base na inversão do ónus da prova (Lei nº 5/2002, de 11 de janeiro, artigos 1º e 7º a 12º). In: ANDRADE, Manuel da Costa *et al* (orgs). ***Liber Discipulorum* para Figueiredo Dias.** Coimbra:Coimbra, 2003, p. 1.346.

Código de Processo Penal, do art. 36-A do Decreto-Lei nº 15/1993 e do art. 60 da Lei nº 25/2008, o que não impedia a crítica do autor a respeito da necessidade de um módulo processual próprio, para que o terceiro atingido possa deduzir sua defesa.[94] A crítica parece ter sido acolhida pelo legislador ordinário, que em 2017 alterou o Código de Processo Penal português para permitir o exercício do contraditório e a prestação de declarações pelo terceiro passível de ser atingido pela decisão de confisco. A mudança legislativa vem ao encontro da preocupação da Diretiva 2014/42/UE do Parlamento Europeu e do Conselho em preservar garantias específicas de participação do terceiro no processo que eventualmente poderá afetar seu patrimônio.[95]

2.4.4 Objeto da decisão

A decisão final da perda alargada atrai a atenção para três temas de interesse. O primeiro tema de interesse é o *standard* probatório exigido para a decisão final no processo que aplica a perda alargada. A Lei nº 5/2002 não apresenta solução expressa quanto a este ponto, nem mesmo após as alterações promovidas pela Lei nº 30/2017. A doutrina também não oferece tratamento seguro a respeito do tema. João Conde Correia registra que "dificilmente o juiz irá utilizar tal possibilidade [o padrão civel]".[96] Hélio Rigor Rodrigues sustenta o uso do *standard* cível, posicionamento que corresponde à defesa da natureza cível do instituto,[97] seguido também

94. CORREIA, João Conde. **Da proibição do confisco à perda alargada**. Lisboa: Imprensa Nacional, 2012, posição 3.620, versão *kindle*.

95. O parágrafo 33 da Diretiva retrata esta preocupação.

96. CORREIA, João Conde. **Da proibição do confisco à perda alargada**. Imprensa Nacional: Lisboa, 2012, posição 3.852, versão *kindle*.

97. RIGOR RODRIGUES, Hélio; REIS RODRIGUES, Carlos A. **Recuperação de activos na criminalidade económico-financeira**: viagem pelas idiossincra-

por Euclides Dâmaso Simões.[98] A despeito da divergência, a indicação pelo padrão probatório cível parece ser favorecida pelo parágrafo 21 do preâmbulo da Diretiva 2014/42/UE do Parlamento Europeu e do Conselho ao estabelecer que os Estados-Membros podem decidir pela perda de bens "em função das probabilidades, ou possa razoavelmente presumir que é bastante mais provável, que os bens em causa tenham sido obtidos por via de um comportamento criminoso do que de outras atividades".[99] A inclinação pelo padrão probatório cível passou a ser mais acentuado a partir do acórdão 392/2015 do Tribunal Constitucional de Portugal, que expressamente reconheceu que a conclusão acerca da licitude do bem repousa sob um juízo de probabilidade, conforme analisado com mais detalhe no item 2.5.

O segundo tema é a respeito da peculiaridade do instituto em si. A sentença que acolhe o pedido inicial do Ministério

---

cias de um regime de perda de bens em expansão. Sindicato dos Magistrados do Ministério Público, s/d, p. 229.RIGOR RODRIGUES, Hélio. Perda de bens no crime de tráfico de estupefacientes: harmonização dos diferentes regimes jurídicos aplicáveis. **Revista do Ministério Público**, n. 134, 2014, p. 207.

98. "Solução por certo mais ousada e porventura mais apropriada seria a de, em aproximação aos sistemas anglo saxônicos que utilizam as formas de processo civil e os correspondentes standards de prova para obter declarações de perda ou confisco, ter-se previsto a possibilidade de intentar acção cível contra quem detivesse bem considerado resultante, directa ou indirectamente, de actividade criminosa sobre a qual tivesse recaído decisão condenatória penal em primeira instância." SIMOES, Euclides Dâmaso. A proposta de lei sobre o gabinete de recuperação de activos. **Revista do CEJ**, n. 14, 2010, p. 188. Em outro artigo, Euclides Dâmaso Simões e José Luís F. Trindade defendem que o critério é o da dúvida razoável SIMÕES, Euclides Dâmaso; TRINDADE, José Luís F. Recuperação de Activos: da perda ampliada à *actio in rem* (virtudes e defeitos de remédios fortes para patologias graves). **Revista Julgar *On Line***. 2009, p. 32).

99. UE. UNIÃO EUROPEIA. Diretiva 2014/42/UE do Parlamento Europeu e do Conselho, de 3 de abril de 2014. **Jornal Oficial da União Europeia**. Disponível em: <www.eur-lex.europa.eu>. Acesso em 25 out. 17.

Público determina um valor a ser pago pelo arguido. Conforme o texto do parágrafo 1º do art. 12, "o tribunal declara o valor que deve ser perdido". Os parágrafos seguintes do art. 12 disciplinam o pagamento do valor fixado: caso não tenha sido oferecida caução, o arguido goza de prazo de 10 dias para pagar a condenação; caso o arguido não pague no prazo fixado, os bens eventualmente arrestados serão perdidos em favor do Estado; por fim, se não existir bem arrestado, o Ministério Público instaura execução para cobrança da condenação.

Ao contrário do que se possa inferir pela nomenclatura, a ordem não permite a transferência da propriedade de imediato, como ocorre no confisco tratado no Código Penal. Apura-se o patrimônio total e em quanto, desse total, há desconformidade ou se encontra descoberto, sendo esse o valor que será objeto da condenação. No curso da execução da decisão, a ordem de pagamento poderá converter-se em confisco de tantos bens o quanto bastem para pagamento da dívida. Assim, a perda passa a alcançar não apenas os bens sobre os quais recaiu a suspeita de ilicitude e que serviram para a liquidação, mas todo o patrimônio atual do condenado. Daí por que já se pontuou que o uso do termo "confisco" ou "perda" para o confisco alargado é inapropriado.[100]

---

100. A avaliação foi realizada originalmente no trecho do voto do Lorde Hobhouse de Woodborough, no caso *In Re Norris*, na Inglaterra [2001] UKHL 34, [2001] 1 WLR 1388, em referência ao instituto similar do país, que afirmou que "seção 1 a 5 apresenta o processo do que o Ato trata de "ordens de confisco" (s. 1(8)(a)). Contudo, o termo é inapropriado. As ordens são determinações de pagamento para o réu condenado por tráfico de drogas para pagar somas de dinheiro para o Estado". Trad. livre de: *Sections 1 to 5 deal with the making of what the Act calls 'confiscations orders' (s. 1(8)(1)). However, this is a misnomer. The ordes are financial orders ordering a defendant convicted of a drug trafficking offence to pay sums of money to the State.* UNITED KINGDOM. *In Re Norris*. 2001. Disponível em: <publications.parliament.uk>. Acesso em 9 out. 17.

Vinculado ao que foi exposto acima, surge o terceiro tema relativo à possibilidade de controle de condenações que possam se mostrar desproporcionais ao contexto fático do proveito obtido.[101] O risco da aplicação desproporcional do instituto é agravado na perda alargada em razão de sua própria extensão e também por não levar em conta a gravidade do ilícito, da pena ou a contribuição do réu para a prática do crime do catálogo.[102] O legislador pode evitar a aplicação excessiva do instituto ao definir as condutas sujeitas à perda alargada, seja elencando no catálogo crimes lucrativos ou estipulando um piso monetário.[103] O controle também pode ocorrer *a posteriori* pelo Judiciário mediante a calibragem por conceitos indeterminados. O parágrafo 18 da Diretiva 2014/42/UE, por exemplo, refere-se à possibilidade de, em circunstâncias excepcionais, a perda não ser aplicada "desde que [...] tal acarrete dificuldades indevidas para a pessoa em causa". Alerta o mesmo parágrafo que esta hipótese deve ser de utilizada de modo muito restrito, apenas para quando o confisco coloque a pessoa "numa situação em que lhe seja

101. A situação tangencia a crítica apresentada por José Manoel Damião da Cunha (Perda de bens a favor do Estado. Arts. 7º-12, da Lei nº 5/2002, de 11 de Janeiro (Medidas de Combate à Criminalidade Organizada e Económico-Financeira). In: **Medidas de combate à criminalidade organizada e económico-financeira.** Centro de Estudos Judiciários. Coimbra: Coimbra, 2004, p. 127. Refutada por Hélio Rigor Rodrigues e Carlos A. Reis Rodrigues (**Recuperação de activos na criminalidade económico-financeira**: viagem pelas idiossincracias de um regime de perda de bens em expansão. Sindicato dos Magistrados do Ministério Público, s/d, p. 244), conforme exposto acima.

102. CUNHA, José Manoel Damião. Perda de bens a favor do Estado. Arts. 7º-12, da Lei nº 5/2002, de 11 de Janeiro (Medidas de Combate à Criminalidade Organizada e Económico-Financeira). In: **Medidas de combate à criminalidade organizada e económico-financeira.** Centro de Estudos Judiciários. Coimbra:Coimbra, 2004, p. 138.

103. Como explicado no item 2.2, a Inglaterra utiliza um valor de corte - £5.000,00 – para a aplicação de instituto similar.

muito difícil sobreviver".[104] No Direito Comparado, a Inglaterra serve de exemplo para o que vem a ser analisado, já que o subitem 6 da Seção 10 do POCA permite que a Corte não realize a presunção de ilicitude de determinado bem quando existir sério de injustiça.[105]

Portugal não exibe expressamente este tipo de controle para a perda alargada. Cumpre registrar que em 2017 o Código Penal português foi alterado para permitir que o tribunal deixe de aplicar o confisco de valor quando a situação se mostrar "injusta ou demasiado severa" em referência à situação socioeconômica do condenado.[106] A despeito de não existir dispositivo semelhante para a perda alargada, defendem Hélio Rigor Rodrigues e Carlos A. Reis Rodrigues certa dose de liberdade na aplicação do instituto, notadamente para evitar a presun-

---

104. UE. UNIÃO EUROPEIA. Diretiva 2014/42/UE do Parlamento Europeu e do Conselho, de 3 de abril de 2014. **Jornal Oficial da União Europeia**. Disponível em: <www.eur-lex.europa.eu>. Acesso em 25 out. 17. Cumpre registrar que a simples referência de "perda" indica que a Diretiva direciona o parágrafo apenas para as hipóteses de confisco que não se assemelham à perda alargada.

105. "A Corte poderá não aplicar a presunção em relação a determinada propriedade ou despesa se – (a) a presunção estiver incorreta, ou (b) exista um sério risco de injustiça se a presunção for realizada" Tradução para o seguinte trecho: *(6) But the court must not make a requered assumption in relation to particular property or expenditure if – (a) the assumption is shown to be incorrect, or (b) there would be a serious risk of injustice if the assumption were made.*UNITED KINGDOM. **Proceeds of Crime Act**. 2002. Disponível em: <https://www.parliament.uk> Acesso em: 19 set 2017

106. "Art. 112. (...) 2 – Se, atenta a situação socioeconómica da pessoa em causa, a aplicação odo n.º 3 do artigo 109.º, do n.º4 do artigo 110.º ou do n.º 3 do artigo anterior se mostrar injusta ou demasiado severa, pode o tribunal atenuar equitativamente o valor referido naqueles preceitos." O artigo não se refere diretamente à perda alargada. PORTUGAL. **Código Penal**. Lisboa, 15 de março de 1995. Disponível em: <https://www.parlamento.pt> Acesso em: 15 set 2017.

ção de situações irrazoáveis, improváveis ou inverossímeis.[107] Surge como instrumento de controle ainda, a interpretação teleológica para afastar o que Hélio Rigor Rodrigues qualifica como "pequena criminalidade".[108] De qualquer modo, este ainda é um tema em aberto e que somente o tratamento da jurisprudência ao instituto poderá sinalizar o melhor caminho.

2.4.5 Arresto

Como meio de garantia da eficácia da decisão final, admite-se o arresto de bens do arguido para garantia do pagamento do valor indicado na liquidação.

Antes da Lei nº 30/2017, o parágrafo 3º do art. 10 da Lei nº 5/2002 exigia como requisito para o arresto apenas "fortes indícios da prática do crime", dispensando-se os requisitos adicionais de fundado receio de dissipação do patrimônio existente e ausência de prestação de caução existentes como regra no art. 228 do Código de Processo Penal português.[109]

---

107. RIGOR RODRIGUES, Hélio; REIS RODRIGUES, Carlos A. **Recuperação de activos na criminalidade económico-financeira**: viagem pelas idiossincrasias de um regime de perda de bens em expansão. Sindicato dos Magistrados do Ministério Público, s/d, p. 243. A ponderação dos autores realizada no texto refere-se não diretamente à aplicação do princípio da proporcionalidade, mas à extensão da presunção exercida.

108. RIGOR RODRIGUES, Hélio. Perda de bens no crime de tráfico de estupefacientes: harmonização dos diferentes regimes jurídicos aplicáveis. **Revista do Ministério Público**, n. 134, 2014, p. 228.

109. CORREIA, João Conde. **Da proibição do confisco à perda alargada**. Lisboa: Imprensa Nacional, 2012, posição 4.973, versão *kindle*. No mesmo sentido: RIGOR RODRIGUES, Hélio; REIS RODRIGUES, Carlos A. **Recuperação de activos na criminalidade económico-financeira**: viagem pelas idiossincracias de um regime de perda de bens em expansão. Sindicato dos Magistrados do Ministério Público, s/d, p. 96.

Em razão da inerente relação com a desconformidade patrimonial, João Conde Correia alertava ainda para a necessidade de a acusação apresentar elementos probatórios indicativos do patrimônio a descoberto do arguido.[110] A partir de 2017, a nova redação do art. 10 da Lei nº 5/2002 passou a exigir expressamente que o Ministério Público demonstre "cumulativamente a existência de fundado receio de diminuição de garantias patrimoniais e fortes indícios da prática do crime". Continua, no entanto, a ser desnecessária a exigência de oportunidade para prestação de caução.

Até 2017, observava-se ainda divergência a respeito do momento em que o arresto poderia ser implementado. Para autores como João Conde Correia[111], Hélio Rigor Rodrigues e Carlos A. Reis Rodrigues[112], a medida cautelar poderia ser solicitada a qualquer tempo, até mesmo antes da constituição do investigado como arguido ou da apresentação da liquidação. Encontrava-se, contudo, na doutrina e na jurisprudência certa discordância a respeito do tema, permitindo o arresto apenas a após acusação[113] ou após a condenação definitiva do arguido.[114]

A Lei nº 30/2017 parece ter afastado esta divergência ao estabelecer expressamente no parágrafo 3º do art. 10 da Lei

---

110. CORREIA, João Conde. **Da proibição do confisco à perda alargada**. Lisboa: Imprensa Nacional, 2012, posição 4.974, versão *kindle*.

111. CORREIA, João Conde. **Da proibição do confisco à perda alargada**. Imprensa Nacional: Lisboa, 2012, posição 4.988, versão *kindle*.

112. RIGOR RODRIGUES, Hélio; REIS RODRIGUES, Carlos A. **Recuperação de activos na criminalidade económico-financeira**: viagem pelas idiossincracias de um regime de perda de bens em expansão. Sindicato dos Magistrados do Ministério Público, s/d, p. 99.

113. MARQUES, Paulo Silva. O confisco ampliado no Direito Penal português. In: **Lusíada**. Direito. Lisboa: Universidade Lusíada, 2003, p. 312.

114. CORREIA, João Conde. Anotação ao Acórdão do Tribunal da Relação de Lisboa de 8 de Outubro de 2014: o arresto preventivo dos instrumentos e produtos do crime. **Revista Julgar *On Line*.** Outubro de 2014, p. 21.

nº 5/2002 que o pedido pode ser apresentado "a todo tempo, logo que apurado o montante da incongruência, se necessário ainda antes da própria liquidação".[115]

O novo ato normativo alterou ainda o parágrafo 3º do art. 192 do Código de Processo Penal português para permitir o arresto sem a prévia constituição do investigado como arguido, quando tal ato "puser em sério risco o seu fim ou a sua eficácia", exigindo-se, no entanto, que o ato – da constituição do investigado como arguido – seja realizado no prazo de 72 horas.[116]

A medida pode recair sobre todo o patrimônio do investigado, ainda que a origem do bem não seja objeto de discussão, uma vez que a medida cautelar visa garantir o futuro pagamento da condenação. A referência ao arresto não aborda a possibilidade de alcançar bens transferidos a terceiros. Obviamente, não se está tratando de bens sobre os quais recaiam suspeitas de origem ilícita e que integraram o cálculo da liquidação. Cuida-se de bens transferidos pelo acusado para fugir à obrigação de pagamento ao final do processo de perda, situação prevista no art. 6º, parágrafo 1º da Diretiva 2014/42/UE. Diante do nítido intuito fraudulento, não se mostraria adequado, ao ordenamento, a preservação do patrimônio transferido.[117]

---

115. PORTUGAL. **Lei nº 5/2002**. Lisboa, 6 de fevereiro de 2002. Disponível em: <https://www.parlamento.pt> Acesso em: 15 set 2017.

116. PORTUGAL. **Código de Processo Penal**. Lisboa, 17 de fevereiro de 1987. Disponível em: <https://www.parlamento.pt> Acesso em: 15 set 2017.A alteração buscou incoporar dispositivos da Diretiva 2014/42, compatibilizando o desafio de instituir garantias processuais para a eficácia do confisco e de preservar garantias processuais mínimas do proprietário dos bens. CORREIA, João Conde. **Reflexos da Diretiva 2014/42/EU** (do Parlamento Europeu e do Conselho, de 3 de abril de 2014, sobre o congelamento e a perda dos instrumentos e produtos do crime na União Europeia) no direito português vigente. Revista do Centro de Estudos Judiciários, 2014, nº 2, p.109.

117. Em sentido contrário, defendendo que os bens de terceiros não podem ser afetados pelo arresto: MARQUES, Paulo Silva. O confisco ampliado no

O arresto pode ser substituído por caução e, não o sendo, mantém-se até decisão final confiscatória, ou melhor, até decorrido o prazo de dez dias para pagamento do valor a que o réu foi condenado.

2.4.6 Aplicação no tempo e prescrição

Como a perda alcança a variação patrimonial até cinco anos antes da constituição do arguido tal, a instituição da perda alargada em 2002 estimula a discussão do relevante tema a respeito da eficácia da Lei nº 5/2002 no tempo.

Jorge Godinho defende que eventual confisco não poderia retroagir a data em que a Lei nº 5/2002 entrou em vigor. Assim, a perda determinada em janeiro de 2004 permitiria a avaliação do patrimônio até 2002 – apenas dois anos e não cinco – e, progressivamente, a norma entraria em vigor. Essa também parece ser a posição de João Conde Correia, ao defender que "[s]ó é admissível o confisco do produto de crimes cometidos depois da entrada em vigor da respetiva norma."[118]

De fato, em pelo menos um acórdão, a eficácia da perda foi limitada à data da entrada em vigor da nova legislação. No processo 0514345, a sentença condenatória e o Tribunal da Relação do Porto excluíram do cálculo da liquidação o período anterior a 11 de fevereiro de 2012, data de vigência da Lei nº 5/200[119], reconhecendo a perda, apenas, do lucro obtido após

Direito Penal português. In: **Lusíada.** Direito. Lisboa: Universidade Lusíada, 2003, p. 313.

118. CORREIA, João Conde. **Da proibição do confisco à perda alargada**. Imprensa Nacional: Lisboa, 2012, posição 844, versão *kindle*.

119. PORTUGAL. Tribunal da Relação do Porto. **Processo nº 0514345**. Disponível em:<www.dgsi.pt>. Acesso em: 12 out 2017.Apesar de reconhecer a limitação da irretroatividade da Lei nº 5/2002, a sentença acabou por con-

. De todo modo, o único precedente encontrado não serve como evidência do posicionamento da jurisprudência. Talvez por conta da lenta absorção do instituto, o tema não tenha sido tão debatido na jurisprudência.

Por fim, um tema não abordado diretamente quando da edição da Lei nº 5/2002 era o prazo prescricional para a cobrança do valor a que o arguido foi condenado. Ao que parece, e somente a interpretação da jurisprudência permitirá dar concretude a este posicionamento, a Lei nº 30/2017 pretendeu regulamentar o tem ao acrescentar o art. 112.º-A ao Código Penal. Após disciplinar as hipóteses de confisco pelo valor quando em substituição à perda em espécie, o artigo prevê no parágrafo 2º que nos outros casos – a exemplo da perda alargada – o prazo de prescrição é o previsto para o procedimento criminal. Portanto, o prazo de prescrição para a perda alargada é vinculado ao prazo definido para o procedimento criminal.

2.5 A PERDA ALARGADA E O TRIBUNAL CONSTITUCIONAL DE PORTUGAL

A introdução do novo instituto em 2002 foi objeto de críticas na doutrina portuguesa. Tomando como premissa a natureza penal da perda alargada, Jorge Godinho sustenta que a nova espécie de confisco é uma reação similar aos crimes de suspeita[120] – destituídos de conduta –, a qual viola a proibição de confisco geral e a proibição da transmissibilidade das

denar o réu pelo valor total indicado pelo Ministério Público, o que levou o Tribunal da Relação do Porto a retificar o valor do confisco.

120. Medida aplicada no Antigo Regime e que visava recolher todos os bens do condenado, visando "isolamento e remoção social e física do indivíduo da sociedade". GODINHO, Jorge. Brandos costumes? O confisco penal com base na inversão do ónus da prova (Lei nº 5/2002, de 11 de janeiro, artigos

penas. O instituto afetaria desproporcionalmente o princípio da presunção de inocência e o direito do acusado ao silêncio, ao inverter o ônus da prova e determinar a presunção de que os bens sujeitos a confisco teriam origem criminosa. Estar-se-ia buscando o patrimônio do condenado a qualquer custo em razão da ineficiência da persecução em demonstrar a vinculação do patrimônio injustificado com outros crimes. Nas palavras do autor, "[a] norma [...] modifica aspectos do regime da prova, criando um 'atalho' processual-probatório para o confisco, qual nova auto-estrada que visa tornar obsoletas as tortuosas vias anteriormente atravessadas."[121]

Também esse é o posicionamento de José Damião da Cunha, para quem o mero juízo de probabilidade de que tais bens decorreram da atividade criminosa não permite nem justifica o confisco, ainda que a medida não seja considerada de natureza penal. Nas palavras do autor, "[...] quem se queira fazer prevalecer de uma presunção, estabelecida em seu favor, tem que demonstrar os pressupostos em que se alicerça tal presunção (o grau de exigência de prova é que pode variar em função do processo e do seu fim)".[122] E mais, a inversão do ônus seria de contraprova quase impossível pelo lesado, impedindo-o, portanto, de livrar-se da possibilidade de perder os bens. Além disso, o momento da apresentação da liquidação

---

1º e 7º a 12º). In: ANDRADE, Manuel da Costa *et al* (orgs). ***Liber Discipulorum* para Figueiredo Dias.** Coimbra: Coimbra, 2003, p. 1.355.

121. GODINHO, Jorge. Brandos costumes? O confisco penal com base na inversão do ónus da prova (Lei nº 5/2002, de 11 de janeiro, artigos 1º e 7º a 12º). In: ANDRADE, Manuel da Costa *et al* (orgs). ***Liber Discipulorum* para Figueiredo Dias.** Coimbra: Coimbra, 2003, p. 1.320.

122. CUNHA, José Manoel Damião. Perda de bens a favor do Estado. Arts. 7º-12, da Lei nº 5/2002, de 11 de Janeiro (Medidas de Combate à Criminalidade Organizada e Económico-Financeira). In: **Medidas de combate à criminalidade organizada e económico-financeira.** Centro de Estudos Judiciários. Coimbra: Coimbra, 2004, p. 128.

no início do processo limita, de forma excessiva, a defesa nos autos principais e acaba por influenciar o juiz, uma vez que "[o conhecimento antecipado do valor do montante apurado] poderia colocar em causa a imparcialidade do tribunal, na medida em que ele traduz um juízo de suspeita, tanto mais forte quanto o montante apurado seja elevado".[123]

A despeito das críticas, o Tribunal Constitucional de Portugal analisou a constitucionalidade do instituto da perda alargada em três oportunidades, nos acórdãos 101, 392 e 476, todos de 2015.

De todos, o Tribunal Constitucional se debruçou com mais atenção sobre o tema no acórdão 392/2015.[124]A parte recorrente havia sido condenada pelo crime de tráfico de drogas pelo Tribunal da Comarca de Braga, que julgou procedente, ainda, o incidente de liquidação instaurado sob o rito da Lei nº 5/2002 e declarou a perda de € 4.454,25, mantendo o arresto anteriormente decretado até o pagamento da quantia. O condenado recorreu ao Tribunal da Relação de Guimarães e, ante a manutenção da sentença, instou o Tribunal Constitucional a posicionar-se, sustentando que os arts. 7º e 9º da Lei nº 5/2002 violariam o princípio da presunção de inocência e o direito ao silêncio.

Em análise de mérito, o Tribunal reafirmou que a introdução do instituto no ordenamento decorreu de compromissos

---

123. CUNHA, José Manoel Damião. Perda de bens a favor do Estado. Arts. 7º-12, da Lei nº 5/2002, de 11 de Janeiro (Medidas de Combate à Criminalidade Organizada e Económico-Financeira). In: **Medidas de combate à criminalidade organizada e económico-financeira.** Centro de Estudos Judiciários. Coimbra: Coimbra, 2004, p. 156.

124. CORREIA, João Conde. Presunção de proveniência ilícita de bens para perda alargada: anotação aos acórdãos do Tribunal Constitucional nºs 101, 392 e 476/2015. **Revista do Ministério Público**, n. 145, 2016, p. 211.

internacionais assumidos pelo país, notadamente o parágrafo 7º do art. 5º da Convenção de Viena de 1988 e o parágrafo 7º do art. 12 da Convenção de Palermo. O Tribunal acrescentou que a perda é aplicada somente após a condenação do réu a um dos crimes elencados no catálogo e depende de iniciativa probatória da acusação de demonstrar a incongruência patrimonial. Nesse sentido, ressaltou que a medida constritiva não possui natureza penal e não gera qualquer responsabilidade penal, motivo pelo qual "nesse procedimento enxertado no processo penal não operam as normas constitucionais da presunção de inocência e do direito ao silêncio do arguido". Ademais, a presunção contida no parágrafo 1º do art. 7º da Lei nº 05/2002 apenas opera após a condenação da conduta imputada, sendo passível de prova em contrário; não viola a presunção de inocência, pois o confisco não trata de juízo de censura ou de culpabilidade, uma vez que "[...] está em causa neste procedimento, repete-se, não é já apurar qualquer responsabilidade de uma atividade criminosa". Destaca-se, por fim, o seguinte: [125]

> [...] a ilisão da presunção será efetuada através da demonstração de factos que são do seu conhecimento pessoal, sendo ele que se encontra em melhores condições para investigar, explicar e provar a concreta proveniência do património ameaçado. As presunções legais surgem exatamente para responder a essas situações em que a prova direta pode resultar particularmente gravosa ou difícil para uma das partes, causando, ao mesmo tempo, o mínimo prejuízo possível à outra parte, dentro dos limites do justo e do adequado, enquanto a tutela da parte "prejudicada" pela presunção obtém-se pela exigência fundamentada e não arbitrária de um nexo lógico entre o facto indiciário e o facto presumido,

---

125. PORTUGAL. Tribunal Constitucional de Portugal. Acórdão 392/2015. Disponível em: <https://www.tribunalconstitucional.pt> Acesso em: 17 out 2017.

o qual deve assentar em regras de experiência e num juízo de probabilidade qualificada.

Registrou, a Corte, que o legislador português não foi excessivo na construção do raciocínio probatório para se chegar à conclusão da origem ilícita dos bens, na medida em que fixou o limite temporal de cinco anos e que os fatos passíveis de utilização pela defesa são de fácil aquisição e de conhecimento pessoal do condenado.

Os sucessivos pronunciamentos firmaram posicionamento jurisprudencial acerca de questões que ainda são debatidas na doutrina e objeto de críticas de inconstitucionalidade.[126] Como ponto principal para as outras conclusões, reconheceu, o Tribunal Constitucional, que a perda não possui caráter sancionatório; é, apenas, "um mecanismo civil, inserido no processo penal, de reposição de uma situação patrimonial contrária ao direito".[127] Por certo, as decisões não encerram a discussão a respeito do instituto, mesmo por que recentes modificações legislativas e o fortalecimento dos órgãos de investigação indicam o crescente interesse pela perda alargada, o que levará, por sua vez, a novos debates do tema nos tribunais.

2.6 O GABINETE DE RECUPERAÇÃO DE ACTIVOS E O GABINETE DE ADMINISTRAÇÃO DE BENS

A despeito da significativa alteração proporcionada pela Lei nº 5/2002, o instituto da perda alargada foi pouco uti-

126. MATOS, Maria José. **Perda de Bens na Lei nº 5/2002:** réquiem pelo Estado de Direito. Edições Esgotadas, 2017.

127. CORREIA, João Conde. Presunção de proveniência ilícita de bens para perda alargada: anotação aos acórdãos do Tribunal Constitucional nºs 101, 392 e 476/2015. **Revista do Ministério Público**, n. 145, 2016, p. 212.

lizado nos anos que se seguiram a sua vigência. João Conde Correia destaca que "a perda alargada tornou-se numa mera curiosidade jurídica, sem qualquer aplicação consistente".[128]A perda alargada foi aos poucos ganhando espaço na comunidade jurídica, passando à fase atual em que o João Conde Correia identifica como de entusiasmo, refletida tanto no seu crescente uso quanto pela seleção da recuperação de ativos como prioridade de política criminal. O ponto essencial para a atratividade do instituto foi a criação de dois órgãos[129] em 2011, o Gabinete de Recuperação de Activos (GRA) e o Gabinete de Administração de Bens (GAB).

2.6.1 Investigação financeira ou patrimonial: o GRA

O fortalecimento das medidas de constrição patrimonial influencia a autonomia ou a independência entre os procedimentos penal e patrimonial[130], sugerindo que o novo conjunto de normas deva vir acompanhado também da habilitação de

128. CORREIA, João Conde. Presunção de proveniência ilícita de bens para perda alargada: anotação aos acórdãos do Tribunal Constitucional nºs 101, 392 e 476/2015. **Revista do Ministério Público**, n. 145, 2016, p. 209.

129. CORREIA, João Conde. Presunção de proveniência ilícita de bens para perda alargada: anotação aos acórdãos do Tribunal Constitucional nºs 101, 392 e 476/2015. **Revista do Ministério Público**, n. 145, 2016, p. 209. No mesmo sentido: CORREIA, João Conde. **Reflexos da Diretiva 2014/42/EU** (do Parlamento Europeu e do Conselho, de 3 de abril de 2014, sobre o congelamento e a perda dos instrumentos e produtos do crime na União Europeia) no direito português vigente. Revista do Centro de Estudos Judiciários, 2014, nº 2, p.88.. A Lei nº 72/2015 definiu no artigo 12 que "é prioritária a identificação, localização e apreensão de bens ou produtos relacionados com os crimes, a desenvolver pelo Gabinete de Recuperação de Ativos, nos termos previstos na Lei nº 45/2011, de 24 de junho, alterada pela Lei nº 60/2013, de 23 de agosto".

130. CORREIA, João Conde. **Da proibição do confisco à perda alargada**. Lisboa: Imprensa Nacional, 2012, posição 768 versão *kindle*.

órgãos específicos, destinados à identificação, ao rastreamento e à constrição de bens.[131] A criação de novas medidas de confisco demandou outro modelo de investigação e uma singular estrutura dos órgãos responsáveis por tal função, emancipando-se da investigação penal.[132]

Ao lado da investigação penal, que possui como missão precípua e, no mais das vezes exclusiva, a coleta de dados acerca da materialidade e da autoria do crime, sobressai com a perda alargada a investigação financeira ou patrimonial. A investigação financeira representa o método de investigação utilizado para o rastreamento de ativos com a finalidade de recuperação de bens ou reunir elementos de materialidade e autoria para relacionados a lavagem de dinheiro.[133] Como espécie de investigação financeira, a investigação patrimonial surge com o único intuito de localizar ativos supostamente relacionados o crime apurado.[134]

---

131. BLANCO CORDERO, Isidoro. La Aplicación del Comiso y la Necessidade de Crear Organismos de Recuperación de Activos. Revue Electronique de l'Association Internationale de Droit Pénal, **ReAIDP**, n. 207. Disponível em: <www. penal.org> Acesso em: 31 out 2016.

132. BRASIL. Ministério Público Federal. Câmara de Coordenação e Revisão, Roteiro de Atuação: persecução patrimonial e administração de bens. Brasília, MPF, 2017, p. 31.

133. BRASIL. Ministério Público Federal. Câmara de Coordenação e Revisão, Roteiro de Atuação: persecução patrimonial e administração de bens. Brasília, MPF, 2017, p. 29. No mesmo sentido, embora não diferenciando a investigação financeira da investigação patrimonial: RIGOR RODRIGUES, Hélio. Gabinete de Recuperação de Activos. O que é, para que serve e como atua. **Revista do Centro de Estudos Judiciários**, 2013ª, nº 1, p. 65.

134. O termo "investigação financeira" será utilizado como gênero que abarca a investigação patrimonial, salvo quando expressamente ressaltada a distinção. O conceito é próximo ao adotado no Brasil pelo Conselho Nacional do Ministério Público na Resolução nº 181, de 7 de agosto de 2017 (BRASIL. Conselho Nacional do Ministério Público. **Resolução nº 181**, de 7 de agosto de 2017. Diário Eletrônico do CNMP, caderno processual, edição de 08/09/2017.)

Em Portugal, a importância da investigação financeira levou à criação de um único órgão com esta função, o GRA, seguindo a influência da experiência exitosa em outros países. A Decisão-Quadro 2007/845, do Conselho da União Europeia, já incentivava todos os países do bloco a criarem ou a designarem um gabinete nacional de recuperação de bens localização de produtos derivados de crimes.

No plano individual, um dos exemplos mais tradicionais é a Inglaterra, que instituiu a *Assets Recovery Agency* (ARA), agência que teve a função incorporada posteriormente ao *Serious Organised Crime Agency* (SOCA) e, desde 1º de outubro de 2013, ao *National Crime Agency.*[135]Ao redor destes entes, redes de cooperação foram desenvolvidas para facilitar a produção de conhecimento e o auxílio informal no desempenho da investigação financeira ou patrimonial. Em setembro de 2004, por iniciativa da Áustria, da Bélgica, da Alemanha, da Irlanda, da Holanda e do Reino Unido, foi criada a rede *Camden Assets Recovery Interagency Network* (CARIN)[136] para intercâmbio de informações relativas à recuperação de bens.

No âmbito regional, há diversas outras de redes de contato com essa finalidade, quais sejam: Rede de Recuperação de Ativos do Grupo de Ação Financeira da América Latina (RRAG),[137]

---

135. REES QC, Edward; FISHER QC, Richard. THOMAS, Richard. **Blackstone's Guide to the Proceeds of Crime Act 2002**. 5 ed. United Kingdom: Oxford University Press, 2015, posição 1786, versão *kindle*.

136. A rede foi estabelecida em uma reunião ocorrida em junho de 2003, em Dublin (BLANCO CORDERO, Isidoro. La Aplicación del Comiso y la Necessidade de Crear Organismos de Recuperación de Activos. Revue Electronique de l'Association Internationale de Droit Pénal, **ReAIDP**, n. 207. Disponível no link <www.penal.org/sites/default/files/files/BlancoA1.pdf> Acesso em 31 outubro 2016.).

137. Mais informações no link <http://www.gafilat.org/content/cooperacion/&lang=pt>, acessado em 31/10/2016. O Ministério Público

Iniciativa de Recuperação de Bens (StAR, em inglês),[138] *Asset Recovery Interagency Network – Asia Pacific* (ARIN-AP), *Asset Recovery Interagency Network for Southern Africa* (ARINSA), *Asset Recovery Interagency Network for West Africa* (ARINWA), *Asset Recovery Interagency Network for Eastern Africa* (ARIN-EA). O Brasil integra as duas primeiras.[139]

Nesse caminho, quase dez anos após a implantação da perda alargada em Portugal, superou-se o tratamento do produto ou o proveito do crime como matéria acessória através da criação do GRA pela Lei nº 45/2011.O antecedente histórico da Lei nº 45/2011 repousa na influência decisiva de um projeto de estudo capitaneado pela Procuradoria-Geral da República de Portugal denominado Projeto Fênix.[140]

A partir de críticas formuladas pelo GAFI, a Procuradoria--Geral da República candidatou-se a programa financeiro da União Europeia e, em conjunto com a Polícia Judiciária de Portugal, a Fiscalía General da Espanha e do Gabinete de Recuperação de Ativos dos Países Baixos, produziu material – o Manual de Boas Práticas e o Repertório de Canais Dedicados de Comunicação. Embora o Manual e o Repertório tenham sido apresentados após a edição da Lei nº 45/2011, a equipe integrante do Projeto Fênix contribuiu para a elaboração do anteprojeto do ato normativo.[141]

Federal integra o RRAG, <http://www.internacional.mpf.mp.br/noticias-1/mpf-passa-a-integrar-rede-latino-americana-para-recuperacao-de-ativos/?searchterm=recuperacao%20de%20ativos>.

138. *Stolen Asset Recovery Iniciative*, disponível no link <star.worldbank.org/star/>, acessado em 31/10/2016.

139. Informação extraída do link <http://www.justica.gov.br/sua-protecao/cooperacao-internacional/atuacao-internacional-2/redes-de-cooperacao>, acessado em 31/10/2016.

140. SIMOES, Euclides Dâmaso. A proposta de lei sobre o gabinete de recuperação de activos. **Revista do CEJ**, n. 14, 2010, p. 183 e 185.

141. SIMOES, Euclides Dâmaso. Prefácio. In: CORREIA, João Conde. **Da Proibição do Confisco à Perda Alargada**. Imprensa Nacional: Lisboa, 2012, posição 225, versão *kindle*.

O GRA tem como objetivo institucional proceder à "identificação, localização e apreensão de bens ou produtos relacionados com crimes, a nível interno e internacional [...]",[142] conforme o art. 3º da Lei nº 45/2011. Ao lado disso, o GRA exerce a atividade de cooperação com gabinetes de recuperação estrangeiros.[143]

O órgão é vinculado à Polícia Judiciária, aspecto que atrai críticas da doutrina, especialmente por ter alijado o Ministério Público de qualquer participação em sua administração.[144] O singular desenho de atribuir expressamente à Polícia Judiciária a direção do GRA deve-se, primordialmente, ao relacionamento institucional entre o *parquet* português e a Polícia. Como alerta José Manuel Damião da Cunha,[145] o Ministério Público exerce apenas o poder de orientação sobre os órgãos de polícia criminal, sem qualquer relação de hierarquia. A atividade de investigação compete, de modo principal, à Polícia Judiciária,

---

142. PORTUGAL. **Lei nº 45/2011**. Lisboa, 24 de junho de 2011. Disponível em: <https://www.parlamento.pt> Acesso em: 15 set 2017.

143. RIGOR RODRIGUES, Hélio. Gabinete de Recuperação de Activos. O que é, para que serve e como atua. **Revista do Centro de Estudos Judiciários**, 2013ª, nº 1, p. 70.

144. RIGOR RODRIGUES, Hélio; REIS RODRIGUES, Carlos A. **Recuperação de activos na criminalidade económico-financeira**: viagem pelas idiossincracias de um regime de perda de bens em expansão. Sindicato dos Magistrados do Ministério Público, s/d, p. 21. "A investigação patrimonial continua a pertencer ao Ministério Público (...) pelo que esta magistratura determina a actuação do GRA através de uma delegação de competências, tal como estabelecida no artigo 270º nº 1 do Código de Processo Penal (...)" (*Ibid*,, p. 24). No mesmo sentido quanto a crítica à ausência do *Parquet*: PORTUGAL (2012) e RIGOR RODRIGUES, Hélio. Gabinete de Recuperação de Activos. O que é, para que serve e como atua. **Revista do Centro de Estudos Judiciários**, 2013ª, nº 1, p. 65.

145. CUNHA, José Manoel Damião. **O Ministério Público e os órgãos de polícia criminal no Novo Código Código de Processo Penal**. Universidade Católica Portuguesa: Coimbra, 1993, p. 146-147.

e o Ministério Público atua, apenas, como órgão de direção. O *Parquet* pode emitir diretivas, ordens e instruções ou mesmo avocar a investigação patrimonial.[146]

Com sede em Lisboa, Porto, Coimbra e Faro, o GRA é integrado por servidores da Polícia, do Instituto dos Registros e do Notariado e da Autoridade Tributaria e Aduaneira. Trata-se, portanto, de uma composição mista.

A atuação do órgão é pontual e predominantemente para os crimes mais graves.[147] Nas palavras de Euclides Dâmaso Simões, "pretendeu-se desonerar este novo órgão dos deveres de oficiosidade que impendem sobre o MP e os OPC em matéria de investigação criminal."[148] A investigação patrimonial é determinada pelo Ministério Público, quando os bens estiverem associados a crimes puníveis com pena de prisão igual ou superior a três anos e quando o valor dos bens superar mil unidades de conta.[149]

Residualmente, e como cláusula de salvaguarda,[150] o Procurador-Geral da República ou os Procuradores-Gerais Distritais podem autorizar a atuação do GRA fora das duas

---

146. RIGOR RODRIGUES, Hélio. Gabinete de Recuperação de Activos. O que é, para que serve e como atua. **Revista do Centro de Estudos Judiciários**, 2013ª, nº 1, p. 69.
147. RIGOR RODRIGUES, Hélio. Gabinete de Recuperação de Activos. O que é, para que serve e como atua. **Revista do Centro de Estudos Judiciários**, 2013ª, nº 1, p. 23.
148. SIMOES, Euclides Dâmaso. A proposta de lei sobre o gabinete de recuperação de activos. **Revista do CEJ**, n. 14, 2010, p. 187.
149. Valor de referência em Portugal que corresponde atualmente a € 102.000,00. O valor mínimo para deflagração da atuação do GRA é o atualizado, e não o valor de quando ingressou no patrimônio do investigado.
150. RIGOR RODRIGUES, Hélio. Gabinete de Recuperação de Activos. O que é, para que serve e como atua. **Revista do Centro de Estudos Judiciários**, 2013ª, nº 1, p. 75.

hipóteses citadas, quando o valor económico, científico, artístico ou histórico dos bens a recuperar e complexidade da investigação, conforme o art.4º, parágrafo 2º, Lei nº 45/2011. Importante frisar que a atuação do GRA é pontual somente para aqueles casos que atraiam atenção do órgão, nas palavras de Hélio Rigor Rodrigues, "sabendo-se que todos os crimes são susceptíveis de gerar vantagens, permite selecionar os casos pela sua dignidade e complexidade".[151] De qualquer modo, é importante ressaltar que a investigação depende sempre da provocação do Ministério Público, não possuindo, o GRA, autonomia para iniciar a investigação patrimonial.[152]

Em 2017, a Lei nº 30 alterou a Lei nº 45/2011 para permitir expressamente que a investigação financeira ou patrimonial possa ser realizada mesmo após o encerramento o inquérito ou a condenação, conforme art. 4º, parágrafo 6º. Obviamente, a investigação realizada após o 30º dia anterior à data designada para a realização da primeira audiência de instrução – prazo para que o Ministério Público apresente a liquidação[153] – terá o condão apenas de identificar bens, sendo por isso essencialmente patrimonial.

Em relação aos meios probatórios, o legislador português dotou o órgão dos mesmos poderes exibidos na investigação criminal, preenchidos os mesmos requisitos para medidas que necessitem de autorização judicial (art. 8º, parágrafo 3º). Contudo, não se mostra claro quais são os meios de prova

---

151. RIGOR RODRIGUES, Hélio. Gabinete de Recuperação de Activos. O que é, para que serve e como atua. **Revista do Centro de Estudos Judiciários**, 2013ª, nº 1, p. 73.

152. RIGOR RODRIGUES, Hélio. Gabinete de Recuperação de Activos. O que é, para que serve e como atua. **Revista do Centro de Estudos Judiciários**, 2013ª, nº 1, p. 75.

153. SIMOES, Euclides Dâmaso. A proposta de lei sobre o gabinete de recuperação de activos. **Revista do CEJ**, n. 14, 2010, p. 188.

disponíveis para o GRA e se ele poderia obter medidas mais invasivas e que dependem expressamente de apuração de condutas criminosas, a exemplo da interceptação telefônica. A Lei nº 45/2011 também não é expressa na disciplina entre o compartilhamento de provas. Em razão do desenvolvimento paralelo da investigação criminal e da investigação financeira, é natural que o dado obtido em uma investigação seja útil para a outra. Para João Conde Correia, a troca mútua deveria ser expressamente prevista.[154]

Por fim, para desempenhar seu objetivo institucional, o GRA pode apreender os bens relacionados com a investigação financeira, por expressa previsão do art. 4º, parágrafo 3º, Lei nº 45/2011. Para João Conde Correia, a apreensão envolve também a possibilidade de arresto, passível, no entanto, de confirmação judicial mediante "a intervenção decisiva do Ministério Público e do juiz de instrução criminal, nos termos previstos no Código de Processo Penal".[155]

2.6.2 Administração de bens: o GAB

As funções de investigação financeira e de administração dos bens eventualmente apreendidos foram separadas. O GRA desempenha as funções de identificar, de localizar e de, eventualmente, apreender os bens objeto da investigação financeira. A administração é função desempenhada pelo GAB,

154. CORREIA, João Conde. **Da proibição do confisco à perda alargada.** Imprensa Nacional: Lisboa, 2012, posições 5.672 e 5.664, versão *kindle*. A interceptação telefônica em Portugal é restrita a crimes taxativamente discriminados no art. 187 do Código de Processo Penal ou aos que apresentem pena superior a três anos

155. CORREIA, João Conde. **Da proibição do confisco à perda alargada.** Imprensa Nacional: Lisboa, 2012, posição 5.710, versão *kindle*.

vinculado ao Instituto de Gestão Financeira e Infra-Estrutura da Justiça (IGFIJ).

A divisão entre a investigação financeira e a administração de bens corresponde a modelo observado também em Direito Comparado. De acordo com estudo da Organização dos Estados Americanos, existem duas opções usualmente identificadas: a primeira, um modelo que atribui a órgãos nacionais a tarefa de investigação financeira, mas também as funções de "gestão de bens embargados, de execução das sentenças e inclusive a divisão de recursos obtidos com a administração dos recursos"; a segunda, repousa sob um modelo que atribui a um órgão a função exclusiva de "custodiar, administrar, manter e dispor de bens acauteladas".[156]

A função do GAB é a de gerir os bens, determinar a respectiva venda, sua utilização no serviço público ou sua destruição, conforme definido no art. 10. A intervenção, contudo, não ocorre em todos as investigações do GRA, mas somente quando o valor dos bens afetados superar cinquenta unidades de conta.

A partir da apreensão ou do arresto dos bens e ultrapassado o prazo de dez dias sem que o respectivo titular requeira modificação ou revogação da medida, o GAB passará a atuar. O órgão foi criado com a explícita função de gerir os bens apreendidos, retirando tal função dos magistrados que passam a atuar, apenas, nos casos de impugnação da avaliação do bem e de sua alienação. O GAB avalia o bem e exerce os atos próprios de administração.

---

156. ORGANIZACIÓN DE LOS ESTADOS AMERICANOS (OEA). **Sistemas de Administración de Bienes de América Latina y Guía para la Administración de Bienes Incautados y Decomisados del Crimen Organizado.** 2011, p. 21.

Embora a Lei nº 45/2011 seja omissa, a alienação deve ocorrer com prévia autorização judicial,[157] expedida após a oitiva prévia do Ministério Público acerca do valor probatório do bem e da necessidade de se preservar a amostra. Em regra, os bens não devem ser alienados antes de a decisão de perda haver transitado em julgado, salvo quando forem suscetíveis de deterioração ou colocarem em risco a segurança e a saúde públicas e desde que não apresentem interesse probatório, conforme art. 16 da Lei nº 45/2011.

2.7 DISTRIBUIÇÃO DE RECURSOS E MONITORAMENTO

O regular funcionamento da perda alargada e do GRA e do GAB atraem a atenção para outros dois pontos sensíveis relacionados ao tema. O primeiro tema é relativo ao destino dos recursos recuperados pela persecução patrimonial.

Em Portugal, a Lei nº 30/2017 alterou a Lei nº 45/2011 para prever expressamente que o produto da venda realiza pelo GAB destinar-se-á ao Fundo de Modernização da Justiça (50%), ao IGFEJ, I.P. (49%) e à Comissão de Proteção à Vítimas (1%). Residualmente, as demais receitas decorrentes da administração são destinadas totalmente ao GAB. A verba serve ao custeio dos órgãos de participaram da investigação e da recuperação de ativos, sendo destacado como incentivo para o êxito da função estatal, como observado no primeiro capítulo.

Antes, contudo, cumpre observar a preferência de pagamento às vítimas ou pessoas lesadas com a conduta ilícita apurada. A

157. Aplicação do art. 185 do Código de Processo Penal (RIGOR RODRIGUES, Hélio; REIS RODRIGUES, Carlos A. **Recuperação de activos na criminalidade económico-financeira**: viagem pelas idiossincracias de um regime de perda de bens em expansão. Sindicato dos Magistrados do Ministério Público, s/d, p. 126).

Convenção de Mérida disciplina o pagamento de indenização às vítimas com os valores recuperados no art. 57. Após tratar da hipótese de malversação ou peculato de fundos públicos, a Convenção prevê que o pagamento de indenização terá prioridade ao lado da restituição dos recursos ao Estado requerente em caso de cooperação internacional e da devolução de bens apreendidos aos legítimos proprietários. De modo similar, a Convenção de Palermo estipula que o produto do crime ou os bens confiscados serão restituídos ao Estado requerente com a finalidade específica de indenização das vítimas ou restituição dos bens a seus proprietários.

Para João Conde Correia, eventual colisão entre a decisão de confisco e pretensões reparatórias ou indenizatórias dá-se em favor dos pedidos individuais, indicando para um caráter subsidiário da destinação estatal dos recursos obtidos com a perda alargada.[158] Esse posicionamento é justificado pelas referências expressas no art. 8º, parágrafo 4º da Convenção Internacional para a Eliminação do Financiamento do Terrorismo; no art. 57, parágrafo 3º, alínea "c" da Convenção contra a Corrupção, além do art. 9º da Decisão-Quadro nº 2002/220/JAI, de 15 de março de 2001, que institui o estatuto da vítima no processo penal.[159] Por último, o parágrafo 2º do art. 130 do Código Penal português permite que seja atribuído ao lesado o valor relativo aos instrumentos, produtos ou vantagens declarados perdidos, até o montante do dano causado, afastando qualquer dúvida a respeito da preferência do ressarcimento do lesado.[160]

---

158. CORREIA, João Conde. Recuperação de activos nos crimes contra economia popular. **Revista do Ministério Público**, n. 146, 2016, p. 57.

159. CORREIA, João Conde; RODRIGUES, Hélio Rigor. O confisco das vantagens e a pretensão patrimonial da autoridade tributária e aduaneira nos crimes tributários. **Revista Julgar**, 2017, versão *on line*.

160. CORREIA, João Conde; RODRIGUES, Hélio Rigor. Anotação ao Acórdão do Tribunal da Relação de Guimarães de 01-12-2014, Proferido no Processo 218/11.0GACBC.G1. **Revista Julgar**. 2017, versão *on line*, p. 10 e 13.

O segundo tema é relativo ao monitoramento e à avaliação do funcionamento da perda alargada. Em Portugal, o monitoramento é realizado por relatório emitido pela GRA e pelo GAB e quinquenalmente a atividade dos órgãos administrativos é avaliada.[161]A obrigação de monitoramento foi objeto de preocupação na Diretiva 2014/42/UE do Parlamento Europeu e do Conselho, que descreveu nos parágrafos 36[162] e 37[163] do preâmbulo a preocupação com os escassos dados existentes a respeito do confisco de bens e disciplinou no art. 11 a obrigação de recolhimento e transmissão de dados estatísticos. De modo a reforçar o atendimento desta obrigação legal e comunitária, a Lei nº 30/2017 alterou a Lei nº45/2011 para prever expressamente uma base de dados – denominada plataforma informática[164] – para registro e transmissão de

---

161. Art. 22. Transparência e monitorização. 1 – Os gabinetes previstos na presente lei elaboram, conjuntamente, até 31 de março do ano seguinte, um relatório relativo ao seu exercício anterior, em termos a definir por despacho dos membros do Governo responsáveis pelas áreas das finanças e da justiça. 2 – O relatório referido no número anterior é entregue ao Ministério da Justiça. 3 – No prazo de cinco anos, a atividade dos gabinetes criados pela presente lei é sujeita a avaliação. PORTUGAL. **Lei nº 45/2011**. Lisboa, 24 de junho de 2011. Disponível em: <https://www.parlamento.pt> Acesso em: 15 set 2017.

162. "Existem poucas fontes fidedignas de dados sobre o congelamento e a perda de produtos do crime. A fim de permitir a avaliação da presente diretiva, será necessário reunir um conjunto mínimo de dados estatísticos pertinentes e comparáveis em matéria de congelamento e de perda de bens, de deteção de bens, de atividades judiciária e de alienação de bens" UE. UNIÃO EUROPEIA. Diretiva 2014/42/UE do Parlamento Europeu e do Conselho, de 3 de abril de 2014. **Jornal Oficial da União Europeia**. Disponível em: <www.eur-lex.europa.eu>. Acesso em 25 out. 17.

163. "Os Estados-Membros deverão procurar recolher a nível central dados com vista à elaboração de determinadas estatísticas, a fim de as transmitir à Comissão". UE. UNIÃO EUROPEIA. Diretiva 2014/42/UE do Parlamento Europeu e do Conselho, de 3 de abril de 2014. **Jornal Oficial da União Europeia**. Disponível em: <www.eur-lex.europa.eu>. Acesso em 25 out. 17.

164. À semelhança da de outras bases de dados, a exemplo da francesa *Plateforme d'Identification des Avoirs Criminels* (PIAC), administrada pela agência de

todas as informações relativas à investigação financeira e à administração de bens.

O monitoramento serve a duas finalidades principais. A primeira finalidade é a análise de eficiência do programa nacional de recuperação de ativos, de modo a buscar a otimização dos recursos públicos aplicados. Na Inglaterra, o POCA prevê expressamente o dever de o diretor da *Asset Recovery Agency* elaborar um relatório anual, que será submetido posteriormente ao Parlamento[165]. Em decorrência deste processo de avaliação periódica, a *Asset Recovery Agency* foi extinta em 1º de abril de 2008 em razão da desproporcional relação entre o custo e o montante arrecadado e suas funções incorporadas à *Serious Organised Crime Agency.*[166]

Como segunda finalidade, o monitoramento busca evitar comportamentos rentistas dos órgãos públicos atuantes na atividade de recuperação de ativos. É conhecida na literatura especializada a atração de todos os atores da sociedade por comportamentos que lhes sejam economicamente

---

recuperação de bens do país, a *Agence de Gestion et de Recouvrement des Avoirs Saisis et Confisqués* (FRANCE. Agence de Gestion et de Recouvrement des Avoirs Saisis et Confisqués. **Rapport Annuel 2013**. 2013. Disponível em: <www.justice.gouv.fr> Acesso em: 21 set 2017.

165. Anexo 1, artigo 7(1): Assim que possível a partir do final de cada exercício financeiro, o Diretor deve preparar um relatório sobre a atividade da agência durante o exercício financeiro. Tradução da versão em inglês: *Schedule 1,* 7(1) The Director must, as soon as possible after the end of each financial year, prepare a report on how he has exercised his function during the financial year. (UNITED KINGDOM. **Proceeds of Crime Act 2002**. Disponível em:<www.parliament.uk> Acesso em: 19 set 2017.

166. Em 2013, a função de investigação financeira e patrimonial foi redistribuída à *National Crime Agency*. REES QC, Edward; FISHER QC, Richard. THOMAS, Richard. Blackstone's Guide to the Proceeds of Crime Act 2002. 5 ed. United Kingdom: Oxfor University Press, 2015, posição 1786, versão *kindle*).

atrativos.[167] *Rent seeking* ou comportamento rentista do órgão público na recuperação de ativos representa a atuação estatal direcionada para incrementar os valores derivados desta atividade, ainda que à custa de direitos individuais e à margem do espaço de autorização atribuído pela legislação.[168] Assim, o monitoramento serve para verificar a adequada aplicação do instituto da perda alargada, servindo de meio de controle para que os órgãos estatais – o Ministério Público, o GRA, o GAB e o Judiciário – não determinem o confisco ao arrepio dos requisitos legais e unicamente com a sanha de obter mais recursos para os cofres estatais.

A despeito da valorosa função, a pesquisa desenvolvida em Portugal não conseguiu obter dados específicos a respeito da avaliação da implementação da perda alargada, circunstância que não impede ressaltar neste tópico a indispensabilidade de observar o futuro atendimento do art. 12 da Lei nº 45/2011.

---

167. KRUEGER, Anne O. The Political Economy of the Rent-Seeking Society. **The American Economic Review,** v. 64, n. 3, p. 291-303.

168. Em relação ao confisco, a crítica é apresentada de modo contundente no estudo de Leonard W. Levy: **A License to Steal:** the forfeiture of property. United States of America: University of North Carolina Press, 1996.

Capítulo

3

O CONFISCO PENAL NO ORDENAMENTO BRASILEIRO

O confisco alargado não representa um instituto pronto, um modelo fixo. A introdução nos ordenamentos nacionais sempre passou por um processo de adaptação às normas vigentes até então. Cumpre, assim, estudar o regime jurídico atual do confisco penal no Brasil para identificar o tratamento concebido ao tema em nosso país,[1] análise que se mostra imprescindível para subsidiar as críticas e identificar espaços para avanço da proposta legislativa do confisco alargado.

3.1 CONFISCO E PENA DE CONFISCO

O estudo do confisco penal exige que se depure o instituto com a pena de perda de bens. A Constituição Federal

1. A despeito do tratamento por vezes secundário dado ao tema pela doutrina. Destaca Sérgio Moro em prefácio de obra sobre o tema: "Em manuais com centenas de páginas sobre a parte geral do Código Penal, com longas abordagens sobre dolo e culpabilidade e sobre teorias que por vezes soam esotéricas, o confisco criminal é usualmente tratado em uma página ou em poucos parágrafos, quase como uma nota de rodapé". MORO, Sérgio Fernando. Prefácio. In: LINHARES, Solon Cícero. **Confisco de Bens**: uma medida penal, com efeitos civis contra a corrupção. São Paulo: Revista dos Tribunais, 2016.

elenca os dois termos indistintamente no art. 5º, incisos XLV e XLVI:[2]

> Art. 5º
>
> [....]
>
> XLV – nenhuma pena passará da pessoa do condenado, podendo a obrigação de reparar o dano e a decretação do perdimento de bens ser, nos termos da lei, estendidas aos sucessores e contra eles executadas, até o limite do valor do patrimônio transferido;
>
> [....]
>
> XLVI – a lei regulará a individualização da pena e adotará, entre outras, as seguintes:
>
> [....]
>
> b) perda de bens

Embora se refiram à perda de bens, o primeiro é tratado como efeito da condenação e é relacionado no art. 91, inciso II do Código Penal, enquanto o segundo é espécie de pena e foi tratado pelo legislador no art. 43, inciso II do Código Penal.[3]

A ausência de precisão terminológica não é exclusiva da Constituição Federal de 1988. A história das Constituições no Brasil demonstra a diversidade de tratamento dado à matéria. A Constituição de 1824 proibiu a confiscação de bens, elencando

2. BRASIL. **Constituição Federal de 1988**. Brasília, DF. Disponível em: <www.planalto.gov.br>. Acesso em 15 out 2017.

3. ESSADO, Tiago Cintra. **A perda de bens e o novo paradigma para o processo penal brasileiro**. Rio de Janeiro: Lumen Juris, 2015, p. 5. O tema não é objeto de consenso. Marcia Monassi Mougenot Bonfim e Edilson Mougenot Bonfim defendem que a Carta se refere apenas à pena de confisco. BONFIM, Marcia Monassi Mougenot; BONFIM, Edilson Mougenot. **Lavagem de Dinheiro**. 2 ed., São Paulo: Malheiros, 2008, p. 108.

como motivo direto o princípio da intranscendência da pena,[4] no que foi seguido pela completa ausência de referência ao confisco – como efeito ou como pena – no Código Criminal do Império.[5]

O Código Penal de 1890 previu o confisco, apenas, como efeito da condenação, sem tratar da pena.[6] No ano seguinte, a Constituição da República de 1891 foi promulgada sem a proibição da pena de confisco prevista na anterior, situação que foi modificada com a Constituição de 1934, que retornou a proibição então vigente.[7] Após essa Constituição, que voltou a silenciar sobre a matéria, o Código Penal de 1940 entrou em vigor com a expressa referência à perda como efeito da condenação.[8] Em 1946, a vedação ao confisco como pena

4. Art. 179, inciso XX, Constituição de 1824, *in verbis*: "Nenhuma pena passará da pessoa do delinquente. Por tanto não haverá em caso algum confiscação de bens, nem a infamia do Réo se transmittirá aos parentes em qualquer gráo, que seja." BRASIL. **Constituição Política do Império do Brazil**. Rio de Janeiro. Disponível em: <www.planalto.gov.br>. Acesso em 15 out 2017.

5. CORREA JUNIOR, Alceu. **Confisco Penal**: alternativa à prisão e aplicação aos delitos econômicos. São Paulo: IBCCRIM, 2006, p. 68.

6. Art. 69, alínea a, Código Penal de 1890: "A condemnação do criminoso, logo que passe em julgado, produzirá os seguintes effeitos: a) perda, em favor da Nação ou dos Estados, dos instrumentos e resultados do crime, nos casos em que o offendido não tiver direito à restituição [...]". BRASIL. **Código Penal**. Decreto nº 847, de 11 de outubro de 1890. Rio de Janeiro. Disponível em: <www.planalto.gov.br>. Acesso em 15 out 2017.

7. Art. 113, item 29, Constituição Federal de 1934: "[n]ão haverá pena de banimento, morte, confisco ou de caráter perpétuo, ressalvadas, quanto à pena de morte, as disposições da legislação militar, em tempo de guerra com país estrangeiro". BRASIL. **Constituição da República dos Estados Unidos do Brasil**. Rio de Janeiro. Disponível em: <www.planalto.gov.br>. Acesso em 15 out 2017.

8. Art. 71, inciso II, alíneas a e b, Código Penal de 1940 em sua redação original: "São efeitos da condenação: [...] II – a perda, em favor da União, ressalvado o direito do lesado ou de terceiro de boa-fé: a) dos instrumentos do crime,

voltou a ser expressamente proibida[9] e continuou assim até mesmo após a Constituição de 1967,[10] sendo revogada pelo Ato Institucional nº 14, de 5 de setembro de 1969.

A reforma do Código Penal de 1940, introduzida pela Lei nº 7.209/1984, manteve o confisco como efeito da condenação nos moldes em que foi redigida no art. 91, inciso II. A previsão legal de confisco como pena foi introduzida no ordenamento apenas em 1998 pela Lei nº 9.714.

A sucinta demonstração do tratamento dado ao tema nas Constituições brasileiras revela o cuidado que se deve ter antes de se abordar o confisco como pena e como efeito da condenação. A distinção entre confisco e pena de confisco é assaz relevante, a iniciar pelos requisitos, incluindo seu alcance e sua natureza. A perda de bens como pena é aplicada de forma isolada, cumulativa ou substitutiva, como espécie de restritiva de direitos[11] e tem como referência e limite máximo o prejuízo ou o proveito obtido, motivo pelo qual ela pode ser graduada pelo juiz para adequar o montante de acordo como princípio da proporcionalidade. Ela recai sobre o patrimônio lícito do condenado e representa a sanção penal principal na

---

desde que consistam em coisa cujo fabrico, alienação, uso, porte ou detenção constitua fato ilícito; b) do produto do crime ou de qualquer bem ou valor que constitua proveito auferido pelo agente com a prática do fato criminoso". BRASIL. **Código Penal**. Decreto-Lei nº 2.848, de 7 dezembro de 1940. Rio de Janeiro. Disponível em: <www.planalto.gov.br>. Acesso em 15 out 2017.

9. Art. 141, § 31, Constituição de 1946: "Não haverá pena de morte, de banimento, de confisco nem de caráter perpétuo [...]". BRASIL. **Constituição dos Estados Unidos do Brasil**. Rio de Janeiro. Rio de Janeiro. Disponível em: <www.planalto.gov.br>. Acesso em 15 out 2017.

10. Art. 150, §11, Constituição de 1967: "Não haverá pena de morte, de prisão perpétua, de banimento, nem de confisco [...]". BRASIL. **Constituição da República Federal do Brasil de 1967**. Brasília, DF. Disponível em: <www.planalto.gov.br>. Acesso em 15 out 2017.

11. Art. 43, inciso II, e art. 44, todos do Código Penal.

sentença, motivo pelo qual deve ser devidamente justificada e expressa na sentença.[12]

O confisco, por sua vez, admite a aplicação quando preenchidos os requisitos do art. 91, inciso II do Código Penal e apresenta, como norte, os instrumentos do crime ou o produto advindo dele, recaindo mesmo sobre os herdeiros "até o limite do valor do patrimônio transferido."[13] O único ponto em comum com a pena é a privação de bens, característica insuficiente para provocar a identidade dos institutos.[14]O confisco alcança o patrimônio ilícito do condenado e representa efeito automático da pena.[15]

Percebe-se, portanto, a relevante diferença entre o confisco de bens e a pena de confisco, a qual se reflete, também, na natureza do instituto, conforme será visto no item 3.3.

3.2 ESPÉCIES DE CONFISCO

O art. 91 do Código Penal é a referência normativa de confisco para todo o ordenamento brasileiro. Além do confisco clássico previsto no inciso II, o legislador previu o confisco subsidiário em 2012, ao acrescentar um parágrafo ao artigo indicado.

O presente tópico analisa cada espécie referida neste artigo, conforme se verá a seguir.

---

12. Art. 387, inciso III, Código de Processo Penal.
13. Art. 5º, inciso XLV, Constituição Federal. BRASIL. **Constituição Federal de 1988**. Brasília, DF. Disponível em: <www.planalto.gov.br>. Acesso em 15 out 2017.
14. MIRANDA, Pontes de. **Comentários à Constituição de 1946**. 2 ed. Max Limonad, 1953, v. 4, p. 419.
15. PRADO, Luiz Regis. **Curso de Direito Penal Brasileiro**. Parte Geral. São Paulo: Revista dos Tribunais, 2010, p. 630.

3.2.1 Confisco no Código Penal

3.2.1.1 Confisco clássico

O confisco clássico está elencado no citado art. 91, inciso II, que estabelece a perda dos instrumentos, do produto ou do proveito do crime. Conforme descrito no item 1.1.1, exige-se para a expropriação do instrumento do crime a ilicitude da fabricação, da alienação, do uso, do porte ou da detenção. O essencial para a decretação do confisco dos instrumentos é a contrariedade ao ordenamento.

O confisco do produto e do proveito do crime é tratado no art. 91, inciso II, alínea b, do Código Penal. O critério orientador é a vedação ao locupletamento ilícito[16]. Produto e proveito recebem o mesmo tratamento no ordenamento brasileiro: o produto representa o objeto adquirido diretamente com a atividade, enquanto que o proveito é a vantagem obtida pelo crime que não esteja vinculado diretamente ao produto do crime.[17]Assim, o dinheiro derivado da corrupção será produto do crime, enquanto que o ganho obtido a partir do investimento representa o proveito do crime.

Cumpre observar que o regime clássico brasileiro é similar ao de Portugal. Como demonstrado no item 2.1, os produtos e as vantagens do crime são confiscados pela só relação com o crime, dispensando-se a exigência anterior de periculosidade dos produtos. O ponto de distinção nos dois países reside quanto aos instrumentos do crime, pois em Portugal mostra-se necessário demonstrar algum nível de periculosidade dos instrumentos, e não sua ilicitude.

---

16. PRADO, Luiz Regis. **Curso de Direito Penal Brasileiro**. Parte Geral. São Paulo: Revista dos Tribunais, 2010, p. 632.

17. ESSADO, Tiago Cintra. **A perda de bens e o novo paradigma para o processo penal brasileiro**. Rio de Janeiro: Lumen Juris, 2015, p. 18.

3.2.1.2 Confisco subsidiário

A segunda espécie de confisco prevista no Código Penal foi introduzida pelo legislador ordinário em 2012, com a Lei nº 12.694, e é denominado confisco por equivalente ou subsidiário, porque a perda de bens atinge não o resultado decorrente diretamente da atividade criminosa, mas bens que, proporcionalmente, apresentem o mesmo valor auferido pelo agente criminoso.

Como registrado por Essado,[18] a alteração legislativa decorre da influência de tratados internacionais incorporados pelo Brasil: a Convenção de Viena de 1988, que incentivou cada país a adotar as medidas necessárias para o confisco "do produto derivado de delitos estabelecidos no parágrafo 1 do art. 3, ou de bens cujo valor seja equivalente ao desse produto"[19], dispositivo que foi reiterado nas Convenções de Mérida e de Palermo.

No Brasil, a nova espécie de confisco foi acrescentada ao §1º, do art. 91 do Código Penal, *in verbis*:[20]

> Art. 91. São efeitos da condenação: [...]
>
> §1º Poderá ser decretada a perda de bens ou valores equivalentes ao produto ou proveito do crime quando estes não forem encontrados ou quando se localizarem no exterior.

18. ESSADO, Tiago Cintra. **A perda de bens e o novo paradigma para o processo penal brasileiro**. Rio de Janeiro: Lumen Juris, 2015, p. 19.
19. Art. 5º, item 1. BRASIL. **Convenção contra o Tráfico Ilícito de Entorpecentes**, concluída em Viena, a 20 de dezembro de 1988. Decreto nº 154, de 26 de junho de 1991. Disponível em: <www.planalto.gov.br>. Acesso em 25 out 2017.
20. BRASIL. **Código Penal**. Decreto-Lei nº 2.848, de 7 dezembro de 1940. Rio de Janeiro. Disponível em: <www.planalto.gov.br>. Acesso em 15 out 2017.

O confisco subsidiário distancia-se da espécie clássica por dois motivos principais: a) ele só é aplicado, residualmente, se os órgãos de persecução não localizarem o produto ou o proveito da atividade delitiva; b) ele alcança o patrimônio lícito do condenado.

O confisco subsidiário ganha relevância não somente nas situações típicas em que o bem ou o proveito econômico foram ocultados pelo condenado. Inclui-se no âmbito de aplicação deste confisco também os bens ou valores que foram vertidos em favor do condenado embora não tenham gerado acréscimo patrimonial, a exemplo das despesas pagas de viagem pagas como propina.[21]

A ordem de confisco que precede a aplicação do art. 91, §1º do Código Penal representa, em verdade, uma ordem de pagamento, pois afeta, indistintamente, o patrimônio lícito do condenado, permitindo que ele antes salde a dívida com pagamento em dinheiro. Trata-se de estrutura semelhante à utilizada em Portugal onde, se a vantagem auferida não puder ser encontrada, o confisco é substituído pelo pagamento de um determinado valor[22] e alinha-se com o confisco de valor (*value confiscation*), previsto nos tratados internacionais referidos acima.[23]

A introdução do confisco subsidiário em 2012 suscita a questão de a norma ser aplicada somente para os delitos pra-

---

21. Observação e exemplo extraídos do Roteiro de Persecução Patrimonial elaborado pelo Ministério Público Federal. BRASIL. Ministério Público Federal. Câmara de Coordenação e Revisão, **Roteiro de Atuação:** persecução patrimonial e administração de bens. Brasília: MPF, 2017, p. 26.
22. FIGUEIREDO DIAS, Jorge de. **Direito Penal Português**. Coimbra: Coimbra, 2005, p. 636.
23. STESSENS, Guy. **Money laundering**. A new international law enforcement model. Cambridge: University Press, 2002, p. 38.

ticados após a vigência da Lei nº 12.694 ou se ela permite o confisco de crimes e processos já iniciados antes da vigência da Lei. O tema não recebeu a atenção da doutrina ou mesmo da jurisprudência, motivo pelo qual não se mostra possível apresentar inclinação por alguma solução. Registra o Roteiro de Persecução Patrimonial do Ministério Público Federal que a resposta a respeito da aplicação do confisco por equivalente passa pela posição de compreender o instituto como norma de direito material – impossível portanto de retroagir – ou norma de processo que apenas disciplinou a implementação do confisco clássico.[24] De todo modo, faz-se o apontamento da discussão em razão da necessidade de o assunto também ser abordado no estudo do confisco alargado, no capítulo quatro, não sendo o objetivo deste tópico debater com mais detalhes o tema.

3.2.2 Confisco na legislação especial

Além do Código Penal, a perda de bens é tratada na legislação especial. Ao contrário de Portugal, a disciplina do confisco dos produtos e dos proveitos na legislação especial segue a mesma estrutura da reportada no Código Penal. O ponto de distinção repousa apenas sobre os instrumentos do crime.

O art. 7º da Lei nº 9.613/1998, o art. 61 da Lei nº 11.343/2006 e o art. 25 da Lei 9.605/1998 dispensam o requisito da ilicitude previsto no Código Penal para o confisco dos instrumentos do crime. Os bens utilizados como instrumentos para os crimes de lavagem, tráfico de drogas, ou ambientais serão declarados perdidos, simplesmente pela relação com a prática do delito.

24. BRASIL. Ministério Público Federal. Câmara de Coordenação e Revisão, **Roteiro de Atuação:** persecução patrimonial e administração de bens. Brasília: MPF, 2017, p. 27.

A legislação especial aponta disciplina diferente ao quanto disposto no Código Penal. Excetuando a regra geral de destinação dos bens para a União, a Lei nº 9.613/1998, com as alterações promovidas pela Lei nº 12.683/2012, possibilita que não apenas a União seja beneficiada com o confisco, mas também os estados, quando a competência for da Justiça Estadual.[25] Em caso de cooperação internacional, os bens apreendidos por solicitação de autoridade estrangeira serão repartidos pela metade, salvo disposição específica em tratado ou convenção.[26]

Por fim, embora extrapole o escopo da análise do instituto, o ordenamento brasileiro prevê outras espécies de confisco que tangenciam a vinculação com algum crime. A necessidade de implementar uma ordem jurídica e econômica livre da circulação de ativos ilícitos e a influência do estudo de Direito Comparado justificaram introdução do confisco em procedimentos tipicamente civis ou administrativos.

A Constituição Federal elencou no art. 231 o confisco administrativo de "glebas de qualquer região do País onde forem localizadas culturas ilegais de plantas psicotrópicas", perdimento que alcança todo o imóvel, independentemente da extensão área cultivada, como já decidiu o Supremo Tribunal Federal ao reverter decisão do Tribunal Regional Federal da 1ª Região.[27] No campo infraconstitucional, o ordenamento jurídico reflete a mesma atenção dada ao tema. O art. 9º, inciso VII, da Lei nº 8.429/1992 elenca como fato típico de improbidade administrativa a aquisição de bem desproporcional à renda do

---

25. Art. 7º, inciso I, Lei 9.613/1998.

26. Art. 8º, §2º, Lei 9.613/1998. A divisão atende ao art. 14, item 1, letra b, da Convenção de Mérida.

27. BRASIL. **Constituição Federal de 1988**. Brasília, DF. Disponível em: <www.planalto.gov.br>. Acesso em 15 out 2017.BRASIL. Supremo Tribunal Federal. Plenário. Recurso Extraordinário nº 543.974/MG. Disponível em: <www.stf.jus.br>. Acesso em: 13 agos 2017.

agente público. O art. 779 do Código de Processo Penal prevê o confisco de instrumentos e produtos do crime mesmo sem a condenação penal quando não se puder apurar a autoria, artigo com vigência reconhecida por algumas decisões,[28] não sem divergências.[29] No campo administrativo, o art. 65 da Lei 9.069/1995 determina que o porte de valor acima de R$ 10.0000,00 na entrada ou saída do país permite o perdimento de valor que o exceder, salvo se o portador comprovar a origem dos recursos em instituição financeira habilitada (art. 5º da Resolução 2.524/1998 do Banco Central).

O estudo das espécies de confisco e a abordagem sucinta levam a que seja necessário indagar sobre a natureza jurídica do confisco previsto no Código Penal brasileiro.

3.3 NATUREZA DO CONFISCO COMO EFEITO DA CONDENAÇÃO

Perquirir a natureza de qualquer instituto é descobrir sua posição dentro do sistema jurídico. Para o tema em exame, cumpre aferir se o instituto apresenta natureza civil ou penal.[30]

A correta identificação dessa natureza é essencial para a compreensão dos contornos e dos limites do confisco. A taxonomia, no Direito Penal, atrai a incidência típica de normas desse ramo, como os princípios da intranscendência e da pessoalidade das penas, o princípio da culpabilidade e

28. BRASIL. Superior Tribunal de Justiça. REsp 769.049.Disponível em: <www.stf.jus.br>. Acesso em: 13 agos 2017. No mesmo sentido: BRASIL. Tribunal de Justiça de São Paulo. Apelação nº 0000760-10.2006.8.26.0625.Disponível em: <www.tjsp.jus.br>. Acesso em: 13 agos 2017.

29. TOURINHO FILHO, Fernando da Costa. **Processo Penal.** 32 ed. São Paulo: Saraiva, 2010, p. 36.

30. ESSADO, Tiago Cintra. **A perda de bens e o novo paradigma para o processo penal brasileiro**. Rio de Janeiro: Lumen Juris, 2015, p. 11.

a presunção de inocência, regime jurídico penal que é mais lasso no campo civil.[31] A identificação em um ou outro campo permite maior ou menor flexibilidade na utilização do confisco pelo legislador e na aplicação do instituto. Nesse sentido, João Conde Correia tece as seguintes considerações:[32]

> Esse debate [sobre a natureza cível ou penal] não tem interesse meramente teórico ou académico, pois, do seu resultado final depende a solvabilidade de muita das questões práticas suscitadas. Quem optar pelo caráter penal da medida terá de se confrontar com inúmeras objeções de índole jurídico-constitucional, dificilmente superáveis. Quem, pelo contrário, afastar a natureza penal do instituto terá o caminho facilitado, mas, mesmo assim, não poderá esquecer determinadas condicionantes imprescindíveis à sua legitimidade num verdadeiro Estado de direito. O confisco não fica confiado ao arbítrio do legislador e, muito menos, do executor.

Os defensores da natureza penal do confisco sustentam seus argumentos em razão de ele se rprevisto na legislação penal e aplicado no bojo do processo penal, representando, em última análise, sanção imposta pelo Estado.[33] Eugenio Raúl Zaffaroni e José Henrique Pierangeli[34], Guy Stessens[35] são exemplos dessa corrente.

---

31. MORO, Sergio Fernando. **Crime de lavagem de dinheiro**. São Paulo: Saraiva, 2010, p. 168.
32. CORREIA, João Conde. **Da proibição do confisco à perda alargada**. Lisboa: Imprensa Nacional, 2012, posição 2.419, versão *kindle*.
33. ESSADO, Tiago Cintra. **A perda de bens e o novo paradigma para o processo penal brasileiro**. Rio de Janeiro: Lumen Juris, 2015, p. 12.
34. ZAFFARONI, Eugenio Raúl; PIERANGELI, José Henrique. **Manual de Direito Penal Brasileiro**. São Paulo: Revista dos Tribunais, 2015, p. 774.
35. STESSENS, Guy. **Money laundering**. A new international law enforcement model. Cambridge: University Press, 2002, p. 29-47.

Os argumentos da natureza civil recaem sobre a constatação de que o desapossamento do bem representa uma simples vedação de enriquecimento ilícito. Por tal motivo, não se pode considerar o confisco como sanção se ele "visa à reposição do *status quo* anterior ao crime, nem mais, nem menos".[36]

Em verdade, como bem observa Tiago Cintra Essado, o perdimento de bens e a reparação do dano são institutos com finalidade reparatória, voltada para os âmbitos coletivo e individual, respectivamente.[37] Enquanto o prejuízo suportado pela vítima em decorrência do furto origina a pretensão para a reparação do dano, a lesão ao interesse difuso da coletividade, no crime de lavagem de dinheiro, atrai o perdimento de bens. A distinção é sutil, mas não impede sua constatação, a exemplo do que fez o Tribunal da Relação de Lisboa em trecho citado abaixo:

> [S]e o dinheiro apreendido – produto de crime de peculato – pertencia ao Estado, a ele deverá enfim reverter com todos os frutos entretanto produzidos, não a título de "perda", mas de "restituição ao proprietário" dos bens de que foi ilegitimamente desapossado: a perda não tem lugar se os objectos não pertencerem, à data do facto, a nenhum dos agentes ou beneficiários (art. 110º C. Penal).[38]

A relevância conferida aos dois institutos é impulsionada pelo interesse legítimo da sociedade de reprimir autores de delitos que aufiram vantagens econômicas em prejuízos

---

36. MORO, Sergio Fernando. **Crime de lavagem de dinheiro**. São Paulo: Saraiva, 2010, p. 169.
37. ESSADO, Tiago Cintra. **A perda de bens e o novo paradigma para o processo penal brasileiro**. Rio de Janeiro: Lumen Juris, 2015, p. 14.
38. PORTUGAL. Tribunal da Relação de Lisboa. Acórdão de 18 de junho de 1996. Disponível em: <www.trl.jus.br>. Acesso em: 17 out 2017.

causados a indivíduos ou à sociedade. Essa circunstância fez com que o legislador rompesse com a estrita independência entre as esferas cível e criminal, permitindo a influência da sentença penal na reparação individual.[39] Assim, "[a] verdadeira reparação da ofensa causada pelo delito será completa quando a pena imposta ao delinquente somar-se à reparação do dano. Somente com ambos, pena e satisfação do dano, desaparecerão os efeitos do crime".[40] A proximidade entre o perdimento de bens e a reparação de danos pode ser analisada com mais clareza nos crimes em que resulte prejuízo para a Fazenda Pública. Nos termos do Decreto-lei nº 3.240/1941, admite-se o sequestro tanto quando o investigado tenha auferido proveito com a conduta quanto na hipótese de que a Fazenda tenha suportado algum tipo de prejuízo.

Nas palavras de João Conde Correia dirigidas ao ordenamento português, mas que para o nosso país se adequam, mais do que uma sanção "o confisco deverá ser visto como uma forma impedir a consolidação dos efeitos de uma pretérita violação do ordenamento jurídico".[41]

Alia-se a reparação à finalidade preventiva do confisco, que retirado autor do delito a possibilidade de utilizar o instrumento do crime em outro crime e de gozar da posse do produto em prejuízo do legítimo proprietário lesado ou,

---

39. FERNANDES, Antônio Scarance. **O papel da vítima no processo criminal**. São Paulo: Malheiros, 1995, p. 177.

40. PINHO, Ruy Sérgio Rebello. **A reparação do dano causado pelo crime o processo penal**. São Paulo: Atlas, 1987, p. 97.

41. CORREIA, João Conde. **Reflexos da Diretiva 2014/42/EU** (do Parlamento Europeu e do Conselho, de 3 de abril de 2014, sobre o congelamento e a perda dos instrumentos e produtos do crime na União Europeia) no direito português vigente. Revista do Centro de Estudos Judiciários, 2014, nº 2, p. 91.

mesmo de reinseri-lo na economia formal, potencializando difusamente os efeitos do ilícito.[42]

Outrossim, a previsão do confisco na legislação penal e sua aplicação pelo juízo penal não são critérios suficientes para definição de sua natureza jurídica, pois outros institutos também o são e nem por isso exibem uma natureza penal, como é o caso da obrigação de indenizar o dano (art. 91, inciso II, Código Penal combinado com art. 387, inciso IV, Código de Processo Penal) e da perda do poder familiar. O argumento é incongruente com outros diplomas não penais que preveem o confisco mesmo sem a prévia condenação criminal, a exemplo das mercadorias importadas com infração à legislação aduaneira (art. 23, §1º, Decreto-Lei nº 1.455/1976) e do ingresso ou da saída física do território nacional com valores em espécie acima de R$ 10.000,00 (dez mil reais) (art. 65, Lei 9.069/1995).[43]

Os defensores da natureza penal não conseguem explicar a validade da norma do art. 5º, inciso XLV da Constituição Federal. Se o confisco é penal, a possibilidade de estender o perdimento de bens aos sucessores feriria o princípio da intranscendência e, portanto, não pode ser admitido no ordenamento. Destaque-se ainda que os efeitos secundários da sentença penal condenatória – incluindo o confisco - não são alcançados pela prescrição da pretensão executória.[44] Se o confisco fosse de natureza penal, os bens retornariam para a posse do condenado.

---

42. MORO, Sergio Fernando. **Crime de lavagem de dinheiro**. São Paulo: Saraiva, 2010, p. 170.
43. MORO, Sergio Fernando. **Crime de lavagem de dinheiro**. São Paulo: Saraiva, 2010, p. 170.
44. PRADO, Luiz Regis. **Curso de Direito Penal Brasileiro**. Parte Geral. São Paulo: Revista dos Tribunais, 2010, p. 679.

Entendem pela natureza civil do instituto os autores Aníbal Bruno,[45] Luiz Regis Prado,[46] Bitencourt,[47] além de Tiago Cintra Essado[48] e de Sérgio Moro.[49]O posicionamento em favor da natureza civil do instituto também é adotado neste estudo em razão dos argumentos apresentados acima.

3.4 REGIME PROCESSUAL DO CONFISCO

As normas processuais atreladas à aplicação do confisco são de relevante importância para a compreensão do tema no ordenamento brasileiro. A imputação patrimonial, a inexistência de regras próprias expressas de um processo penal patrimonial, o *standard* probatório são temas que revelam a importância dada ao perdimento de bens no processo penal brasileiro e que indicam a dimensão da ruptura representada no PL nº 4.850/2016.

---

45. "No grupo dos efeitos indiretos, fora da área penal, que decorrem da sentença condenatória, está incluído também, no nosso Direito, o confisco dos instrumentos ou produtos no crime, que nesse dispositivo não é pena nem medida de segurança, mas efeito da condenação". BRUNO, Aníbal. **Direito Penal**. 4 ed. Rio de Janeiro: Forense, 1984, parte geral, tomo 3, p. 249-250.
46. "As consequências secundárias extrapenais que advêm da condenação que alcançam âmbitos vários, a saber: cível (obrigação de indenizar o dano causado pelo crime; confisco e incapacidade para o exercício do poder familiar, tutela ou curatela – arts. 91, I, II; 92, II, CP) (...)". PRADO, Luiz Regis. **Curso de Direito Penal Brasileiro**. Parte Geral. São Paulo: Revista dos Tribunais, 2010, p. 630.
47. "O confisco, na nossa legislação atual, não é pena, mas simples efeito da condenação, e limita-se aos instrumentos ou produtos do crime". BITENCOURT, Cezar Roberto. **Tratado de Direito Penal**. 15 ed. São Paulo: Saraiva, 2010, p. 769.
48. ESSADO, Tiago Cintra. **A perda de bens e o novo paradigma para o processo penal brasileiro**. Rio de Janeiro: Lumen Juris, 2015, p. 12.
49. MORO, Sergio Fernando. **Crime de lavagem de dinheiro**. São Paulo: Saraiva, 2010, p. 170.

Não obstante a crítica, faz-se necessário analisar aspectos processuais relativos ao confisco no processo penal brasileiro.

3.4.1 Imputação patrimonial

A consequência da perda de bens em decorrência de uma sentença condenatória exige que a defesa tenha a oportunidade de manifestar-se a respeito da circunstância fática concreta ensejadora do confisco no curso do processo. Imprescindível, portanto, que a acusação indique de modo objetivo na peça inicial do processo penal – a denúncia ou a queixa – a hipótese fática legitimadora da perda de bens.

A ação de atribuir a alguém a aquisição de bens, direitos ou valores em razão de determinado fato criminoso representa o que se denomina na doutrina como imputação patrimonial.[50] Ao lado da imputação do fato criminoso, o órgão acusador deve indicar que determinado bem possui relação com o crime imputado, seguido de pedido específico para o confisco. A exigência é cumprida por vezes implicitamente na denúncia, uma vez que o próprio desenvolvimento da denúncia envolve a descrição dos instrumentos ou dos produtos do crime.

A exigência probatória da vinculação do proveito é atenuada em razão da dificuldade em relacionar a vantagem patrimonial com o bem adquirido com os recursos já contaminados. A título exemplificativo, o Superior Tribunal de Justiça já teve a oportunidade de manter acórdão condenatório que determinou o confisco de bens dos réus, mesmos sem a demonstração direta de que eles tinham sido adquiridos com o resultado da ação criminosa. Em discussão estava a perda de bens decretada na condenação da Operação Anaconda, envol-

50. ESSADO, Tiago Cintra. **A perda de bens e o novo paradigma para o processo penal brasileiro**. Rio de Janeiro: Lumen Juris, 2015, p. 86.

vendo juiz do trabalho, agentes da Polícia Federal e advogados. O voto-condutor da Ministra Laurita Vaz utilizou como *ratio decidendi* a demonstração de inúmeras atividades da quadrilha e a desproporcionalidade entre o rendimento conhecido dos réus e extensa relação de bens apreendidos em nome deles. O caso é ainda mais paradigmático em razão da denúncia ter imputado o crime de quadrilha, delito de natureza formal que dispensa resultado naturalístico.[51]

A obrigação perpetua-se para além do oferecimento da denúncia. Em caso de descoberta de novos bens, o Ministério Público deve aditar o pedido para incluí-los no objeto da ação penal.[52] Somente assim restará resguardado o princípio da correlação entre acusação e sentença, bem como assegurado o exercício do contraditório e da ampla defesa.

3.4.2 Medidas cautelares patrimoniais

Como meio de proteger a utilidade do confisco do produto do crime pretendido ao final do processo penal, a imputação patrimonial é antecedida de medidas cautelares patrimoniais, previstas no Código de Processo Penal Capítulo VI do Título VI. Duas espécies apresentam vinculação ao confisco, o sequestro de bens imóveis e o sequestro de bens móveis, disciplinados nos arts. 125 a 131 e 132 do Código de Processo Penal. A especialização de hipoteca legal e o arresto, tratadas residualmente no Código, são próximas à reparação do dano decorrente da atividade delitiva, motivo pelo qual extrapolam o objeto deste estudo.

---

51. BRASIL. Superior Tribunal de Justiça. Recurso Especial nº 827.940-SP. Disponível em: <www.stj.jus.br>. Acesso em: 13 agos 2017.

52. ESSADO, Tiago Cintra. **A perda de bens e o novo paradigma para o processo penal brasileiro**. Rio de Janeiro: Lumen Juris, 2015, p. 93.

Além do capítulo específico do Código de Processo Penal, outras medidas cautelares são aptas a garantir a eficácia do confisco ao final, como a busca e apreensão (art. 240 do Código de Processo Penal), a alienação antecipada (art. 144-A do Código de Processo Penal), o uso provisório dos bens (art. 4º-A, §12, Lei nº 9613/1998 e art. 61, Lei nº 11.343/2006) e a administração judicial dos bens (art. 5º, Lei nº 9.613/1998). Dos quatro, apenas busca e apreensão será analisada, em razão do escopo da dissertação.

3.4.2.1 Sequestro

O sequestro é previsto nos arts. 125 a 135 do Código de Processo Penal e representa a retenção de bens imóveis ou móveis que tenham sido adquiridos com o produto ou proveito do crime.[53] Embora o Código a eles não se refira explicitamente, os termos "produto" ou "proveito" são associados à palavra "proventos", utilizada no *caput* do art. 125.[54] A interpretação está alinhada às expressões "produto" e "proveito", utilizadas no art. 60 da Lei nº 11.343/2006 e no art. 4º, *caput*, da Lei nº 9.613/1998.

O objeto da medida são os bens móveis[55] ou imóveis, oriundos direta ou indiretamente do crime imputado. O Código

---

53. POLASTRI, Marcellus. **A tutela cautelar no processo penal**. 3 ed. São Paulo: Atlas, 2014, p. 139.

54. ESSADO, Tiago Cintra. **A perda de bens e o novo paradigma para o processo penal brasileiro**. Rio de Janeiro: Lumen Juris, 2015, p. 54.

55. O sequestro de bens móveis segue o mesmo rito do sequestro de imóveis. A distinção reside em apenas dois pontos: não ser cabível a busca e apreensão, especialmente pelo preenchimento das letras *b* e *e*, §1º, art. 240, Código de Processo Penal e realização do depósito dos bens sequestrados. BADARÓ, Gustavo Henrique. **Processo Penal**. 3 ed. São Paulo: Revista dos Tribunais, 2015, p. 1.054.

de Processo Penal só exige a presença de elementos probatórios mínimos da origem ilícita dos bens, dispensando-se o *periculum in mora*.[56]A legitimidade para requerer o sequestro é do Ministério Público e do ofendido, nos casos em que esse atua como assistente da acusação (art. 268 do Código de Processo Penal) ou na ação penal privada. A medida pode será apresentada em qualquer fase do processo penal ou mesmo durante a investigação.

O sequestro é autuado em apartado, e o réu é citado para defender-se através do argumento restrito de que o bem não foi adquirido com o provento do crime.[57] Caso o bem tenha sido incorporado ao patrimônio de terceiro, a ele caberá manejar embargos de terceiro, também sob o argumento de que o bem foi adquirido de boa-fé e a título oneroso (arts. 129 e 130, Código de Processo Penal).[58] Nenhuma decisão será proferida sem o trânsito em julgado da decisão condenatória (art. 130, parágrafo único, Código de Processo Penal). O processo penal principal representa a questão preliminar que provoca a suspensão da medida cautelar.

O Código de Processo Penal prevê três hipóteses para a perda da eficácia do sequestro: a primeira é o ajuizamento da ação penal no prazo de 60 dias, contado da data de conclusão da diligência;[59] a segunda é exclusiva do terceiro, quando ele

---

56. ESSADO, Tiago Cintra. **A perda de bens e o novo paradigma para o processo penal brasileiro**. Rio de Janeiro: Lumen Juris, 2015, p. 58.

57. Gustavo Henrique Badaró. BADARÓ, Gustavo Henrique. **Processo Penal**. 3 ed. São Paulo: Revista dos Tribunais, 2015, p. 1.055.

58. Há na verdade duas espécies distintas de embargos, os embargos do terceiro estranho ao processo (art. 129, Código de Processo Penal) e embargos do terceiro de boa-fé que adquiriu o bem do acusado (art. 130, inciso I, Código de Processo Penal). BADARÓ, Gustavo Henrique. **Processo Penal**. 3 ed. São Paulo: Revista dos Tribunais, 2015, p. 1055.

59. O prazo não é rígido e já foi flexibilidade pela jurisprudência: STJ. RMS 9.999/SP. Quinta Turma. Rel. Min. José Arnaldo da Fonseca. J. em 01/06/1999, exemplo extraído de ESSADO (2015, p. 61). Em casos mais recentes o STJ

oferecer caução idônea para substituir o gravame imposto; a terceira decorre do resultado da ação penal principal, nos casos em que o réu obteve reconhecimento da extinção da punibilidade da conduta criminosa ou foi absolvido.

A decisão final não decreta a perda do bem; o perdimento ocorre no processo penal principal. A sentença proferida no sequestro apenas determina a alienação do bem constrito ou a conversão em renda de eventual valor depositado e vinculado ao processo.

3.4.2.2 Sequestro subsidiário

A partir da Lei nº 12.694/2012 e da inclusão do § 1º ao art. 91 do Código de Processo Penal, admite-se também o sequestro para alcançar bens ou valores "equivalentes ao produto ou proveito do crime quando estes não forem encontrados ou quando se localizarem no exterior". A medida cautelar deve demonstrar que o acusado incorporou bens oriundos da infração e que esses bens não foram localizados ou estão no exterior. Apesar de posicionamento contrário,[60] a medida prescinde de pedido anterior de sequestro, desde que a investigação realizada pelo Ministério Público demonstre o preenchimento dos requisitos acima indicados.

3.4.2.3 Sequestro previsto no Decreto-lei nº 3.240/1941

O Decreto-lei nº 3.240/1941 possibilita o sequestro dos bens de pessoa indiciada por crime que resulte prejuízo para

---

confirmou o precedente: RMS. 36728/MT. Quinta Turma. Rel. Min. Laurita Vaz. J. em 12/11/2013; ROMS 2009/0055905-6. Sexta Turma. Min. Sebastião Reis Júnior. J. em 20/08/2013; RMS 29253. Quinta Turma. Rel. Min. Laurita Vaz. J. em 23/10/2012; REsp 1057650/RS. Sexta Turma. Rel. Min. Maria Thereza de Assis Moura. J. em 16/02/2012;

60. BADARÓ, Gustavo Henrique. **Processo Penal**. 3 ed. São Paulo: Revista dos Tribunais, 2015, p. 1.061.

a Fazenda Pública, bem como locupletamento ilícito para ele (art. 1º). Exigem-se como requisito "indícios veementes da responsabilidade" (art. 3º). Ao contrário do sequestro clássico, a medida recai também sobre o patrimônio lícito do acusado. Configura elemento de distinção, ainda, o prazo para a apresentação da ação penal de 90 dias. A medida restritiva poderá alcançar também o patrimônio de terceiros, caso eles tenham agido com dolo ou mesmo culpa grave.

Sustenta-se que a medida foi revogada pelo Código de Processo Penal sob os seguintes argumentos: semelhança do procedimento com o arresto prévio à inscrição de hipoteca legal, disciplinado no art. 136 do Código de Processo Penal, e incidência sobre o patrimônio lícito.[61] Contudo, a jurisprudência vem reconhecendo a vigência da cautelar,[62] não sem algumas decisões contrárias.[63] Sustenta-se, ainda, que o Código de Processo Penal não ab-rogou o Decreto-lei nº 3.240/1941 por ele tratar de matéria específica, ou seja, de crimes contra a administração pública. Outrossim, a semelhança na forma como é aplicada não representa elemento de identificação do instituto. Por fim, a constrição do patrimônio lícito tampouco é critério para tal distinção, uma vez que o confisco subsidiário introduzido pelo legislador ordinário em 2012 também o tem como objeto.

---

61. BADARÓ, Gustavo Henrique. **Processo Penal**. 3 ed. São Paulo: Revista dos Tribunais, 2015, p. 1.062.

62. STJ. Sexta Turma. AgRg no RMS nº 24.083/PR. Rel. Min. Maria Thereza de Assis Moura. J. em 03/08/2010. STJ. Sexta Turma. RCDESP no Inq. Nº 561/BA. Rel. Min. Eliana Calmon. J. em 17/06/2009. STJ. Quinta Turma. REsp nº 149.516/SC. Rel. Min. Gilson Dipp. J. em 21/05/2002. STJ. Sexta Turma. REsp nº 132.539/SC. Rel. Min. William Patterson. J. em 01/12/1997. STJ. Sexta Turma. RMS nº 4.161/PB. Rel. p/ Acórdão Adhemar Maciel. J. em 20/09/1994.

63. Por todos, cite-se o seguinte: STJ. Sexta Turma. RMS nº 6.728/RS. Rel. Min. Luiz Vicente Cernicchiaro. J. em 26/08/1996.

Em verdade, os elementos de semelhança entre arresto e sequestro revelam uma proximidade entre confisco e reparação do dano. O legislador, em 1941, não introduziu uma nova hipótese de confisco; ele apenas previu uma medida processual destinada a assegurar a reparação do dano suportado pelo erário. A conclusão mais adequada é a de se reconhecer que a tutela resguardada pela cautelar tem dupla finalidade, reprimir o enriquecimento ilícito e reparar o patrimônio público.

3.4.2.4 Busca e apreensão

Embora tratados indistintamente, os termos "busca e apreensão" referem-se a dois institutos díspares.[64] Busca é o ato de revista ou de varejamento que recai sobre pessoa ou coisa, destinado a identificar elementos relacionados à ação delituosa ou ao produto ou proveito decorrentes dessa. Apesar da ausência de consenso doutrinário,[65] a busca configura meio de obtenção de prova[66], podendo ser domiciliar ou pessoal, ambas disciplinadas no art. 240, §§1º e 2º, Código de Processo Penal.[67] A apreensão corresponde ao apossamento, à remoção e

64. PITOMBO, Cleunice Bastos. **Da busca e apreensão no processo penal.** 2 ed. São Paulo: Revista dos Tribunais, 2005, p. 102.

65. Cleunice Bastos Pitombo rejeita a natureza de prova ou de meio de obtenção de prova, fincando a natureza da busca como "medida instrumental, com restrição a certos direitos fundamentais, no escopo de achar, encontrar pessoas, semoventes, coisas ou vestígios, que, de modo direto ou indireto, se relacionem com fato, pretensamente, ilícito e típico, investigado ou perquirido"(PITOMBO, Cleunice Bastos. **Da busca e apreensão no processo penal.** 2 ed. São Paulo: Revista dos Tribunais, 2005, p. 116).

66. BADARÓ, Gustavo Henrique. **Processo Penal**. 3 ed. São Paulo: Revista dos Tribunais, 2015, p. 490.

67. O Código de Processo Penal Militar disciplina com mais detalhes as espécies de busca (arts. 170/184). Apesar da omissão da legislação, a busca pode ter como objeto outros espaços, além do pessoal e domiciliar, com o digital e

à guarda de coisas da posse de quem legitimamente as detém, enquanto importarem ao processo penal. Cuida-se de medida de natureza mutável, pois tanto pode se apresentar como cautelar real, quanto como meio de obtenção de prova.[68]

A necessidade de autorização judicial para a busca e a apreensão é o tópico que mais interessa a este estudo. A Constituição Federal e o Código de Processo Penal não disciplinam de modo direto o assunto. A Carta prevê reserva de jurisdição, apenas, nas hipóteses de prisão, na entrada em residência e na interceptação telefônica (arts. 5º, XI, XII e LXVII da Constituição Federal). A despeito da ausência de tratamento específico, a topografia do assunto no diploma processual penal autoriza sustentar que a apreensão sem mandado judicial ocorre apenas na hipótese de arrecadação de coisas presentes à cena do crime, tal como prevê o art. 6º, incisos II e III do Código de Processo Penal. Em todas as outras situações, a apreensão deve ser precedida de decisão judicial. Embora o art. 241 do Código de Processo Penal nada trate da apreensão, quando isolada da busca, a exigência de ordem judicial para essa atrai paralelamente a mesma necessidade para aquela.[69]

Note-se que a amplitude do sequestro e do arresto tornará difícil a possibilidade de apreensão de produto ou de proveito do crime, sem que sejam analisados os requisitos de um ou de outro. A exceção se refere às situações em que a apreensão extrapole a natureza de cautelar real, passando a ser exercida como meio de obtenção de prova, ainda que

não locais não reconhecidos como moradia, como órgãos públicos e estabelecimentos empresariais.

68. PITOMBO, Cleunice Bastos. **Da busca e apreensão no processo penal.** 2 ed. São Paulo: Revista dos Tribunais, 2005, p. 239 e 239.

69. PITOMBO, Cleunice Bastos. **Da busca e apreensão no processo penal.** 2 ed. São Paulo: Revista dos Tribunais, 2005, p. 239 e 271.

apresente utilidade à decisão de perdimento de bens ao término do processo.

3.4.3 Defesa

O contraditório e a ampla defesa são princípios que decorrem do art. 5º, inciso LV da Constituição Federal e permitem ao sujeito processual que sofre a perda patrimonial o conhecimento dos bens colocados em suspeita pelo órgão ministerial e o fundamento fático legitimador do confisco. O exercício adequado da defesa pressupõe, obviamente, que a acusação descreva, na denúncia ou no aditamento, todos os elementos vinculados ao confisco, permitindo que o acusado indique testemunha ou outros meios probatórios que sustentem a versão defensiva.[70] Classicamente, a resistência ao pedido de perdimento de bens será oferecida no mesmo ato da resposta à acusação disciplinada no art. 396 do Código de Processo Penal.

Constitui ônus da defesa desvencilhar o bem de qualquer relação com o fato criminoso. Em regra, a prova que serviu à imputação da materialidade e da autoria carrega a mesma eficácia para a ilicitude da origem do bem. A título de exemplo, a imputação de lavagem de dinheiro e a existência de patrimônio sem qualquer cobertura na renda do acusado justificam, por si sós, a convicção que subsidiará a decisão de confisco. Obviamente, a prova apresentada para a imputação delitiva deve conter, em si, a indicação de alguma vantagem para o acusado. Não é razoável admitir que a prova da corrupção pelo aceite da promessa indevida, sem a efetiva indicação de que o acusado recebeu algum valor, sirva de fundamento para o confisco do patrimônio do condenado.

70. NUCCI, Guilherme de Souza. **Princípios constitucionais penais e processuais penais**. São Paulo: Revista dos Tribunais, 2010, p. 273.

A posição de proprietário dos bens e valores indicados na imputação confere ao acusado a melhor posição para comprovar a origem lícita do bem. O ônus probatório a ser desempenhado pela defesa é exibido expressamente no art. 4º, §2º da Lei 9.613/1998 e no art.60, §2º, Lei 11.343/2006, quando condicionam a liberação dos bens apreendidos à comprovação da licitude de sua origem. A despeito da crítica de que tais dispositivos teriam provocado a inversão do ônus probatório, Marcia Monassi Mougenot Bonfim e Edilson Mougenot Bonfim ressaltam que o legislador inseriu nos diplomas legais a regra probatória vigente no Código de Processo Penal, cabendo ao órgão acusador carrear elementos probatórios indicativos da vinculação dos bens com o crime, passando a defesa a deter o ônus de inibir a inferência realizada pela imputação a partir do desencargo de tal tarefa pela acusação.[71]

Embora exiba cognição limitada, a reação defensiva está presente também nas medidas cautelares. Sob a genérica nomenclatura de "embargos de terceiro", o Código de Processo Penal engloba três espécies distintas de embargos: embargos do terceiro estranho ao processo (art. 129), embargos do acusado (art. 130, inciso I) e embargos do terceiro de boa-fé (art. 130, inciso II). A primeira espécie trata da medida cautelar que recai sobre patrimônio de terceiro, seguindo o rito do Código de Processo Civil. A competência é do juízo penal que decretou a medida, e o processo deve ser julgado tão logo esteja pronto para tal.[72] A segunda espécie, embargos do acusado, está prevista no art. 130, inciso I do Código de Processo Penal, sendo limitada, quanto à defesa de mérito, ao argumento de que os

71. BONFIM, Marcia Monassi Mougenot; BONFIM, Edilson Mougenot. **Lavagem de dinheiro**. 2 ed., São Paulo: Malheiros, 2008, p. 105.

72. Não se aplica a limitação do parágrafo único do art. 130 do Código de Processo Penal. BADARÓ, Gustavo Henrique. **Processo Penal**. 3 ed. São Paulo: Revista dos Tribunais, 2015, p. 1056.

bens não foram adquiridos com os proventos da infração. A terceira espécie, embargos do terceiro de boa-fé, encontra-se prevista no art. 130, inciso II do Código de Processo Penal, também com defesa de mérito limitada à aquisição do bem sem culpa e a título oneroso.

O rito dos embargos do acusado e do terceiro de boa-fé não se encontra disciplinado no Código, o que justifica duas posições na doutrina: uma que se manifesta pelo rito do Código de Processo Civil, e outra que defende a noção de que os embargos são, em realidade, contestação, mesmo porque eles não podem ser julgados antes do trânsito em julgado da sentença condenatória no processo principal, conforme parágrafo único do art. 130 do CPP.[73]

Cumpre notar que em relação ao terceiro o Código de Processo Penal não exibe disposição expressa determinando a intimação da pessoa que, não sendo parte no processo penal, teve seu patrimônio atingido por decisão judicial. Em razão da estatura constitucional conferida ao direito ao contraditório, admite-se a aplicação subsidiária do art. 675 do Código de Processo Civil[74] para que o juiz intime eventual interessado em embargar o ato judicial, caso identificado.

3.4.4 Sentença condenatória e o confisco de bens

O confisco dos produtos e proveitos do crime constitui efeito automático da sentença penal condenatória, conforme interpretação *a contrario sensu* do art. 92 combinado com o

73. "Ainda aqui se nota a imprecisão terminológica do legislador. Em se tratando de medida cautelar, não há falar em embargos. TOURINHO FILHO, Fernando da Costa. **Processo penal**. 32 ed. São Paulo: Saraiva, 2010, p. 51.

74. Admite-se a aplicação subsidiária do Código de Processo Civil em razão do artigo 3º do Código de Processo Penal.

art. 91, todos do Código Penal. A incidência obrigatória do confisco leva ao posicionamento de que a sentença dispensaria motivação neste ponto.[75]

A despeito do texto legal, a incidência de normas processuais ínsitas ao Estado de Direito permite a releitura do dispositivo para reservar ao réu garantias processuais mínimas que legitimem a expropriação estatal. A interpretação mais adequada exige, portanto, que a decisão judicial motive expressamente a adequação típica da imputação patrimonial à norma permissiva do confisco.[76]

A motivação representa uma das formas de legitimação e de controle do Poder Judiciário. Por meio de tal ato, controla-se a discricionariedade judicial e oferece-se segurança e previsibilidade ao Direito. Ela funciona, ainda, como garantia processual, permitindo a apreciação de todas as questões de direito e de fato e o controle da independência e da imparcialidade do juiz.[77] Somente assim, com a exposição lógica dos fundamentos de fato e de direito que levaram o juiz a vincular um bem ao crime contraditório é que o dever de motivação estará cumprido.

A necessidade de motivação leva à necessidade de identificar o critério de decisão, modelo de constatação ou *standard* probatório utilizado para expressar o convencimento judicial

---

75. PRADO, Luiz Regis. **Curso de Direito Penal Brasileiro**. Parte Geral. São Paulo: Revista dos Tribunais, 2010, p. 630.

76. "Tratando-se de efeito genérico da condenação (automático), não é necessário que o confisco seja expressamente declarado na sentença condenatória. A decisão judicial que o decreta, todavia, deve ser fundamentada. Outrossim, o confisco deve ser submetido ao contraditório, no curso da ação penal". BONFIM, Marcia Monassi Mougenot; BONFIM, Edilson Mougenot. **Lavagem de dinheiro**. 2 ed., São Paulo: Malheiros, 2008, p. 108.

77. GOMES FILHO, Antônio Magalhães. **A motivação das decisões penais**. São Paulo: Revista dos Tribunais, 2013, p. 64.

a respeito da decisão a ser tomada. Nas palavras de Danilo Knjnik, "[c]omo se vê, esses 'modelos de constatação' são critérios, pautas objetivas, sujeitas ao controle e à discussão das partes, na constatação de fatos, e auxiliam na evitação do erro ou do arbítrio".[78]

Estudo de Direito Comparado indica o uso corrente de três critérios nos países de tradição *common law*[79]: *os standards* da preponderância de evidências, de uma prova clara e convincente e da prova além da dúvida razoável. A prova além da dúvida razoável é exigida nos processos de natureza penal, enquanto que no campo cível a preponderância de provas representa o critério para processos essencialmente patrimoniais, reservando-se o critério de prova clara e convincente apenas processos que estejam em discussão valores especiais mas que não chegam a alcançar a esfera penal.[80]

No Brasil, não se adotou, formalmente, um *standard* probatório expresso. O Código de Processo Penal prevê no art. 381 como requisito da sentença, a indicação "dos motivos de fato e de direito em que se fundar a decisão" e "dos artigos de lei aplicados" (incisos III e IV). O artigo 289 do Código de Processo Civil exige a exposição do convencimento do juiz "de modo claro e preciso", no que é ratificado pelos arts. 371 e 489.

---

78. KNIJNIK, Danilo. A Prova nos Juízos Cível, Penal e Tributários. Editora Forense: Rio de Janeiro, 2007, p. 18.

79. Além da prova além da dúvida razoável e da preponderância de evidências, Danilo Knijnik cita as *special rules*, a mínima atividade probatória, o modelo das dúvidas positivo-concretas, a doutrina do absurdo e da arbitrariedade, a congruência narrativa, o *défautde motifs*, os modelos matemático-probabilíticos. Os *Standards* do Convencimento Judicial: paradigmas para o seu possível controle. **Revista Forense**. Jan-Fev, 2001, p. 15-51.

80. GARNER, Bryan A. Black's law dictionary. 9th ed. Saint Paul: West Group, 2014. p. 1.457.

No campo do confisco, a natureza cível do instituto provocaria uma redução do nível probatório exigido para a perda de bens. A despeito de sua natureza e da distinção do juízo realizado sobre a materialidade e a autoria do crime[81], exige-se indistintamente o nível de certeza tanto para a condenação penal quanto para a declaração da perda de bens, sem que o tema seja tratado com mais rigor na doutrina ou na jurisprudência.

3.5 INEFICÁCIA DO PROCESSO PATRIMONIAL E DO CONFISCO

As normas processuais do ordenamento brasileiro discorrem muito pouco a respeito das regras de acertamento patrimonial, tanto no que toca à preclusão e ao ônus da acusação quanto no que se refere às regras probatórias do perdimento de bens. As lacunas atualmente vigentes não permitem a identificação de um processo penal patrimonial, tal como descrito no item 2.4. Nas palavras de Tiago Cintra Essado, "o ordenamento jurídico brasileiro ainda carece de um modelo processual penal próprio para o acertamento patrimonial",[82] observação compartilhada por Solon Cícero Linhares.[83]

O atual modelo de confisco e as normas processuais vigentes parecem não produzir o resultado esperado. Como implementação da meta 5 de 2013 da Estratégia Nacional de

81. BATALZAR JUNIOR, José Paulo. *Standards* probatórios no processo penal. **Revista da Ajufergs.** Associação dos Juízes Federais do Rio Grande do Sul, 2007, s/n, p. 179.

82. ESSADO, Tiago Cintra. **A perda de bens e o novo paradigma para o processo penal brasileiro**. Rio de Janeiro: Lumen Juris, 2015, p. 203.

83. LINHARES, Solon Cícero. **Confisco de bens**: uma medida penal, com efeitos civis contra a corrupção. São Paulo: Revista dos Tribunais, 2016, p. 164.

Combate à Corrupção e à Lavagem de Dinheiro (Encla),[84] o funcionamento da investigação patrimonial, do confisco de bens e da gestão e destinação dos recursos foi avaliado pelo Projeto de Administração de Apreendidos e Confiscados na América Latina (Projeto Bidal) da Organização dos Estados Americanos (OEA). O diagnóstico final destacou a inexistência um órgão encarregado de conduzir investigações patrimoniais ou realizar a administração de bens, identificou a ausência de exercício de discricionariedade no uso de cautelares patrimoniais a despeito da implementação da Central Nacional de Indisponibilidade de Bens (CNIB), do Sistema Nacional de Bens Apreendidos (SNBA) e da Recomendação nº 30 do Conselho Nacional de Justiça (CNJ), registrou a apreensão de bens destituídos de valor econômico e multiplicidade de contas para administrar os valores apreendidos. Sublinhou ainda o estudo a inexistência de financiamento das atividades de persecução com os valores e bens apreendidos.[85] O diagnóstico vem ao encontro de auditoria do Tribunal de Contas da União (TCU) que reconheceu a ineficiência da administração de bens apreendidos no contexto de aplicação da Lei 11.343/2006, notadamente

84. A Encla é uma rede de articulação entre diversos órgãos e instituições destinada a discutir e propor alterações destinadas a tornar mais eficiente a repressão ao crime organizado, à lavagem de dinheiro e à corrupção. Integram a Encla mais de 60 instituições, a exemplo do Ministério Público, do Poder Judiciário e da Controladoria-Geral da União. BRASIL. Secretaria Nacional de Justiça. Departamento de Recuperação de Ativos e Cooperação Jurídica Internacional. **ENCLA**: 10 anos de organização do estado brasileiro contra o crime organizado. Brasília: Ministério da Justiça, 2012.

85. OEA. Organização dos Estados Americanos. **Projeto BIDAL Brasil**. Documento de Resultados do Diagnóstico Situacional Relacionado à Investigação Patrimonial, Administração e Destino de Bens Apreendidos e Confiscados. 2015, p. 18, 25, 31, 39, 51 e 57. Disponível em: < http://www.justica.gov.br> Acesso em:9 agos 2017.

em razão do percentual de alienação de apenas 2,1% dos bens apreendidos no período de 2006 a 2012.[86]

A necessidade de implementar uma ordem jurídica e econômica livre da circulação de ativos ilícitos e a influência do estudo de Direito Comparado levam a que a doutrina e as instituições responsáveis por manter um sistema jurídico eficiente busquem alternativas para potencializar o resultado do perdimento de bens, ainda incipiente em nosso país.

Exemplo da perseguição de tal objetivo é a tentativa de interpretar o art. 7º, inciso I, da Lei nº 9.613/1998 como instrumento de importação do instituto do confisco alargado. De acordo com o Roteiro de Persecução Patrimonial do Ministério Público Federal, a redação do referido inciso não seguiu o modelo legal de produto e proveito utilizado no Código Penal, o que justificaria o pedido de confisco de todos os bens controlados pelo réu "ainda que relacionados com lavagem de dinheiro que não tenha sido apurada naquele específico processo."[87] Reforçaria esta interpretação a norma do inciso III do § 10 do art. 4º da Lei nº 9.613/1998, que determina a perda de todos os bens não reclamados no prazo de 90 dias. O estudo não identificou outros autores que tratem desta linha de interpretação ou mesmo se ela foi aplicada na jurisprudência,[88] de qualquer modo, a extensão atribuída ao confisco parece colidir com a interpretação histórica exercida sobre a norma, além de o significativo impacto na esfera

---

86. BRASIL. Tribunal de Contas da União. Plenário. **Acórdão 360/2012**. Disponível em:<www.tcu.gov.br> Acesso em 19 set 2017.

87. BRASIL. Ministério Público Federal. Câmara de Coordenação e Revisão, **Roteiro de Atuação:** persecução patrimonial e administração de bens. Brasília, MPF, 2017, p. 35.

88. BRASIL. Ministério Público Federal. Câmara de Coordenação e Revisão, **Roteiro de Atuação:** persecução patrimonial e administração de bens. Brasília, MPF, 2017, p. 35.

individual de cada proprietário recomendar a disciplina de outros temas processuais não abordados diretamente na Lei nº 9.613/1998.

No âmbito da Encla registram-se iniciativas que tangenciam o tema da recuperação de ativos e do confisco alargado, a exemplo das propostas relativas à administração de bens[89], à investigação patrimonial[90] e às cautelares patrimoniais.[91] Em relação ao confisco alargado, a discussão no Congresso Nacional ingressa a partir do PL nº 4.850/2016.

89. Metas 4 de 2011, 7 e 8 de 2012. Disponível em: <https:encla.camara.leg.br> Acesso em: 27 set 2017.
90. Meta 5 de 2013.Disponível em: <https:encla.camara.leg.br> Acesso em: 27 set 2017.
91. Meta 10 de 2015. Disponível em: <https:encla.camara.leg.br> Acesso em: 27 set 2017.

Capítulo 4

PROJETO DE LEI Nº 4.850/2016

A tentativa de introdução do confisco alargado no Brasil ocorre com a proposta do PL 4.850/2016, que engloba ainda alterações em outros diplomas legais. Nesse sentido, é importante discorrer sobre a motivação do referido projeto, examinando a estrutura proposta para o confisco alargado à luz do correspondente instituto português, descrito nos capítulos anteriores.

4.1 HISTÓRICO

A gênese do PL nº 4.850/2016 está na iniciativa dos membros do Ministério Público Federal, integrantes da Força Tarefa da Operação Lava Jato, em Curitiba, os quais, em 2014, elaboraram propostas de alterações legislativas com base no que identificaram como "falhas", "incoerências" ou "omissões" da legislação disciplinadora do combate à corrupção. Em janeiro de 2015, o Procurador-Geral da República instituiu uma comissão de trabalho para aperfeiçoar as medidas de alteração legislativa. Em março de 2015, o Ministério Público Federal lançou a campanha 10 Medidas contra a Corrupção, destinada a recolher 1,5 milhão de assinaturas, apoio mínimo necessário à apresentação de um projeto de lei de iniciativa popular, conforme estabelece o art. 61, §2º da Constituição Federal. Em 24 de fevereiro de 2016, a meta foi alcançada, e o projeto foi submetido à Câmara dos Deputados em 29 de março de 2016, sendo tombado como PL nº 4.850/2016.[1]

O projeto denominado como 10 Medidas contra a Corrupção contém alterações legislativas destinadas à: prevenção, corrupção e transparência, criminalização do enriquecimento ilícito, maior punição à corrupção, eficiência dos recursos penais, celeridade das ações de improbidade, reforma da prescrição penal, responsabilização de partidos políticos, prisão preventiva para assegurar a recuperação do dinheiro desviado, recuperação do lucro derivado do crime e, por fim, a ajustes no sistema de nulidade. O confisco alargado compõe o rol da última alteração, ao lado da ação civil de extinção de domínio.[2]

4.2 O CONFISCO ALARGADO NO PL Nº 4.850/2016

O PL nº 4.850 apresenta o confisco alargado e a ação civil de extinção de domínio como instrumentos de recuperação do lucro derivado do crime. Em relação ao confisco alargado, a alteração apoia-se na necessidade de o Estado concretizar o adágio popular de que o "crime não compensa". A legitimidade do instituto é reforçada pela constatação de que a repressão

1. Histórico disponível em: <http://www.dezmedidas.mpf.mp.br >. Acesso em: 14 jun 2017.

2. Em 10/11/2016, a Câmara dos Deputados votou o PL 4.850 em Plenário e rejeitou todas as medidas e aprovou substitutivo que permite a punição de membros do Ministério Público e do Poder Judiciário por crime de abuso de autoridade. Em 14/12/2016, o Ministro Luiz Fux deferiu liminar no mandado de segurança nº 34.530 e determinou o retorno do projeto à Câmara dos Deputados para que tramite conforme o rito previsto para projetos de iniciativa popular.

de todos os crimes é uma meta inalcançável e que, por isso, o Estado deve se valer de instrumentos que evitem a perpetuação do produto ilícito pela economia formal, a despeito de não punir as condutas criminosas. Consta da justificativa do referido projeto o seguinte trecho: [3]

> O confisco alargado visa a instituir de maneira mais efetiva a ideia clássica de que "o crime não compensa", ou, mais precisamente, não deve compensar. Em crimes graves que geram benefícios econômicos ilícitos, incumbe ao Estado, tanto quanto a punição dos responsáveis, evitar o proveito econômico da infração e a utilização do patrimônio decorrente da atividade criminosa em outros delitos. Mas a persecução criminal do Estado não é, não pode e até mesmo não deve ser exaustiva. Nem todas as infrações podem ser investigadas e punidas, inclusive por força das garantias constitucionais e legais dos cidadãos.

O confisco clássico e o confisco subsidiário não se mostram aptos ao desafio de evitar a incorporação da vantagem criminosa, por dependerem, necessariamente, da condenação penal e por serem vinculados ao produto ou ao proveito obtidos ou a seu montante, indicado como referencial. Sem "a possibilidade de se promover a responsabilidade criminal, o confisco clássico e o confisco por equivalência não são capazes de evitar o proveito ilícito e a utilização desse patrimônio injustificado em novas atividades criminais".[4]

Essa constatação é apoiada em dados empíricos sobre os ativos gerados por crimes econômicos e sobre a ineficiência

3. BRASIL. Câmara de Deputados. Projeto de Lei º 4.850/2016: <http://www2.camara.leg.br>. Acesso em: 10 jun 2017.
4. BRASIL. Câmara de Deputados. Projeto de Lei º 4.850/2016. <http://www2.camara.leg.br >. Acesso em: 10 jun 2017.

do Estado em reprimi-los. Estimativas sugerem que, no Brasil, a sonegação fiscal omita, anualmente, R$ 1,112 trilhão, e a corrupção desvie R$ 200 bilhões.[5] Por sua vez, a repressão oferece, ao funcionário público, a probabilidade apenas de 5% de punição,[6] e os crimes de corrupção, prevaricação, peculato e concussão representam, somente, 0,03% das causas de condenação da população carcerária no país.[7] Ratificando esse quadro, indicativo da inação estatal, o Brasil ostenta a 69ª posição no *ranking* da transparência internacional.[8]

O PL nº 4.850/2016 pretende incluir o art. 91-A ao Código Penal com a seguinte redação: [9]

> Art. 91-A. Em caso de condenação pelos crimes abaixo indicados, a sentença ensejará a perda, em favor da União, da diferença entre o valor total do patrimônio do agente e o patrimônio cuja origem possa ser demonstrada por rendimentos lícitos ou por outras fontes legítimas:
>
> I – tráfico de drogas, nos termos dos arts. 33 a 37 da Lei nº 11.343, de 23 de agosto de 2006;

---

5. FISCHER, Douglas. O custo social da criminalidade econômica. In: GUEIROS SOUZA, Artur de B. (Org.). **Inovações no Direito Penal Econômico:** contribuições criminológicas, político-criminais e dogmáticas.Brasília: ESMPU,2011, p. 17.
6. ALENCAR, Carlos Higino R.; GICO JÚNIOR, Ivo. Corrupção e judiciário: a (in)eficácia do sistema judicial no combate à corrupção. **Revista Direito GV,** v. 7, n. 1, 2011, p. 75-98.
7. BRASIL. Ministério da Justiça. **Levantamento nacional de informações penitenciárias (Infopen)**. 2010. Disponível em: <http://portal.mj.gov.br>Acesso em: 13 agos 2017.
8. TRANSPARENCY INTERNATIONAL. **Corruption perceptions index 2014**. 2014. Disponível em: <http://www.trans parency.org>. Acesso em: 13 agos 2017.
9. BRASIL. Câmara de Deputados. Projeto de Lei º 4.850/2016: <http://www2.camara.leg.br>. Acesso em: 10 jun 2017.

II – comércio ilegal de arma de fogo e tráfico internacional de arma de fogo;

III – tráfico de influência;

IV – corrupção ativa e passiva;

V – previstos nos incisos I e II do art. 1º do Decreto-Lei nº 201, de 27 de fevereiro de 1967;

VI – peculato, em suas modalidades dolosas;

VII – inserção de dados falsos em sistema de informações;

VIII – concussão;

IX – excesso de exação qualificado pela apropriação;

X – facilitação de contrabando ou descaminho;

XI – enriquecimento ilícito;

XII – lavagem de dinheiro;

XIII – associação criminosa;

XIV – organização criminosa;

XV – estelionato em prejuízo do Erário ou de entes de previdência;

XVI – contrabando e descaminho, receptação, lenocínio e tráfico de pessoas para fim de prostituição, e moeda falsa, quando o crime for praticado de forma organizada.

§ 1º Para os efeitos deste artigo, entende-se por patrimônio do condenado o conjunto de bens, direitos e valores:

I – que, na data da instauração de procedimento de investigação criminal ou civil referente aos fatos que ensejaram a condenação, estejam sob o domínio do condenado, bem como os que, mesmo estando em nome de terceiros, pessoas físicas ou jurídicas, sejam controlados ou usufruídos pelo condenado com poderes similares ao domínio;

II – transferidos pelo condenado a terceiros a título gratuito ou mediante contraprestação irrisória, nos 5 (cinco) anos anteriores à data da instauração do procedimento de investigação;

III – recebidos pelo condenado nos 5 (cinco) anos anteriores à instauração do procedimento de investigação, ainda que não se consiga determinar seu destino.

> § 2° As medidas assecuratórias previstas na legislação processual e a alienação antecipada para preservação de valor poderão recair sobre bens, direitos ou valores que se destinem a garantir a perda a que se refere este artigo.
>
> § 3° Após o trânsito em julgado, o cumprimento do capítulo da sentença referente à perda de bens, direitos e valores com base neste artigo será processado no prazo de até dois anos, no juízo criminal que a proferiu, nos termos da legislação processual civil, mediante requerimento fundamentado do Ministério Público que demonstre que o condenado detém, nos termos do § 1°, patrimônio de valor incompatível com seus rendimentos lícitos ou cuja fonte legítima não seja conhecida.
>
> § 4° O condenado terá a oportunidade de demonstrar a inexistência da incompatibilidade apontada pelo Ministério Público, ou que, embora ela exista, os ativos têm origem lícita.
>
> § 5° Serão excluídos da perda ou da constrição cautelar os bens, direitos e valores reivindicados por terceiros que comprovem sua propriedade e origem lícita.

A alteração provoca a reflexão a respeito da estrutura e do funcionamento concebidos, bem como a análise de identidades, de omissões e de diferenças em relação ao modelo português. Secundariamente, a reflexão se estende ao conteúdo da Diretiva 2014/42/UE e em outros países, apresentados ao longo da dissertação. O estudo segue a mesma ordem apresentada no segundo capítulo, iniciando com os requisitos do confisco alargado, com a possibilidade de contraprova e o objeto da decisão. A par disso, destacam-se pontos de omissão, como a aplicação do confisco alargado no tempo e da investigação patrimonial.

4.2.1 Requisitos do confisco alargado

O projeto utiliza os três requisitos da lei portuguesa para aplicação do confisco alargado: condenação por crimes previamente definidos, existência de patrimônio e incompatibilidade entre o patrimônio e a renda conhecida.

4.2.1.1 Catálogo de crimes

A seleção das condutas que permitem a aplicação do confisco alargado deve ser equilibrada entre o impacto da nova medida e a gravidade de determinado crime. A discricionariedade legislativa para propor novos atos normativos primários é controlada por meio do princípio da proporcionalidade, identificado no ordenamento brasileiro no conceito material do devido processo legal, extraído do art. 5º, inciso LIV da Constituição Federal.[10] Decomposto em três outros subprincípios, interessa ao atual tópico apenas tratar da proporcionalidade em sentido estrito, que corresponde ao equilíbrio entre o ônus imposto e o fim atingido. Nas palavras de Gilmar Ferreira Mendes, esse sentido representa "o papel de controle de sintonia fina (*Stimmigkeitskontrolle*), indicando a justeza da solução encontrada ou a necessidade de sua revisão."[11]

Retomando a justificativa histórica do surgimento e da expansão do instituto, analisados no item 1.3, o confisco alargado deve ser direcionado, apenas, a condutas altamente lesivas que possam gerar lucros vultosos para o autor do crime, permitindo uma maior dissuasão dos crimes de colarinho branco e mais eficiência à atuação estatal. O controle de sintonia passa por identificar se os crimes selecionados no PL 4.850/2016 denotam um nível de lesividade compatível com os efeitos rigorosos do novo instituto.

---

10. BARROSO, Luís Roberto. **Curso de Direito Constitucional Contemporâneo**: os conceitos fundamentais e a construção do novo modelo. São Paulo: Saraiva, 2009, p. 259.
11. MENDES, Gilmar Ferreira. **Curso de Direito Constitucional**. 6 ed. São Paulo: Saraiva, 2011, p. 258.

A avaliação da pertinência de determinado crime com o instituto da perda alargada evita arbitrariedades na decisão legislativa e permite aferir, com mais segurança, o respeito ao princípio da proporcionalidade. Busca-se evitar, com tal controle, que o novo instrumento de confisco recaia, também, sobre a criminalidade em geral, quando o objetivo principal do confisco alargado – ao menos desde o surgimento nas Convenções de Viena, de Palermo e de Mérida e nos atos da União Europeia – sempre foi atingir apenas os produtos relacionados a crimes lucrativos praticados em contexto estranho à criminalidade clássica. O cuidado na aplicação de instrumentos destinados, precipuamente, a organizações criminosas é compartilhado por Jesús-María Silva Sánchez:[12]

> Daí que a aposta, que parece decidida, por uma expansão do Direito Penal, que conglobe a relativização dos princípios de garantia e regras de imputação no âmbito da criminalidade dos poderosos, sendo criticável em si mesma, pode incorrer ademais no erro adicional de repercutir sobre a criminalidade em geral, incluída a dos *powerless*, algo que aparentemente se ignora na hora de propor as reformas antigarantistas.

O rol de crimes contido no PL nº 4.850/2016 envolve: tráfico de entorpecentes, comércio ilegal e tráfico internacional de arma de fogo, tráfico de influência, corrupção ativa e passiva, crime de responsabilidade tipificado nos incisos I e II do art. 1º do Decreto-Lei nº 201/1967, peculato em modalidade dolosa, inserção de dados falsos em sistema de informações, concussão, excesso de exação qualificado pela apropriação, facilitação de contrabando ou descaminho, enriquecimento

12. SILVA SÁNCHEZ, Jesús-María. **A Expansão do Direito Penal**: aspectos da política criminal nas sociedades pós-industriais. 2 ed. Trad. Luiz Otávio de Oliveira Rocha. São Paulo: Revista dos Tribunais, 2011, p. 70.

ilícito, lavagem de dinheiro, associação criminosa, organização criminosa, estelionato em prejuízo da Previdência ou entes da previdência. Pretende-se permitir a aplicação do instituto também para contrabando e descaminho, receptação, lenocínio e tráfico de pessoas para fim de prostituição, e moeda falsa, quando estes crimes forem praticados de forma organizada.

Note-se que o PL nº 4.850/2016 tomou como legítimos, *per se*, os crimes relacionados com as Convenções de Mérida, de Palermo e respectivos protocolos adicionais e com a Convenção de Viena de 1988. Tais crimes são, entre outros: corrupção ativa e passiva,[13]peculato e crimes tipificados nos incisos I e II do art. 1º do Decreto-Lei nº 201/1967,[14]lavagem de dinheiro[15] e tráfico de entorpecentes.[16]A relação é próxima ao rol mínimo de crimes estipulados pela Diretiva 2014/42/UE do Parlamento e do Conselho Europeu, qual seja: corrupção no setor público e no setor privado, falsificação de moeda, lavagem de dinheiro, terrorismo, tráfico de entorpecentes, organização criminosa, pornografia infantil, interferência ilegal em sistema de dados. Todos os crimes previstos no PL nº 4.850/2016 apresentam, ainda, pena máxima superior a quatro anos, atendendo também o critério residual da Diretiva.

O paralelismo entre as Convenções e a Diretiva não impede a crítica acerca da seleção de crimes que permitem a aplicação do confisco alargado. O primeiro ponto de análise é a necessidade de erigir critérios de controle de perpetuação da atuação seletiva do Estado. Dos crimes listados acima, um serve de exemplo de como o confisco alargado pode ser aplicado a condutas de baixa lesividade ou que não envolvam

13. Art. 15 da Convenção de Mérida.
14. Art. 17 da Convenção de Mérida.
15. Art. 23 da Convenção de Mérida.
16. Art. 3º da Convenção de Viena 1988.

ganho financeiro de destaque, mas que consumam percentual considerável da persecução penal do Ministério Público: o estelionato contra o Instituto Nacional do Seguro Social. Tipificado no art. 171, § 3º do Código Penal, o crime absorve boa parte da atuação criminal do Ministério Público Federal e da Justiça Federal, ao lado do crime de contrabando,[17] alcançando 18% de todas as manifestações criminais do MPF em 2016.[18] Como elemento indicativo da concentração de inquéritos ou de procedimentos investigatórios criminais, a 2ª Câmara de Coordenação e Revisão do Ministério Público Federal divulgou o Enunciado nº 68, orientando o arquivamento de investigações em situações-padrões que impedem o êxito da autoria e da materialidade em condutas lesivas à Previdência Social.

Tal como estabeleceu para delitos como contrabando e descaminho, o equilíbrio buscado seria alcançado se o PL nº 4.850/2016 condicionasse a aplicação do instituto da perda alargada no estelionato contra a previdência apenas às condutas praticadas no contexto de uma organização criminosa.

A segunda crítica é a ausência de uma regra flexível que permita a aplicação do instituto a condutas que se mostrem altamente lesivas e, ao mesmo tempo, aptas a render vultosos recursos para o autor do crime.[19] A análise de Direito Comparado oferece a alternativa adotada na Inglaterra. Como

---

17. MOHALLEM, Michael F.; RAGAZZO, Carlos Emmanuel J. (Coord). **Diagnóstico institucional:** primeiros passos para um plano nacional anticorrupção. Rio de Janeiro: FGV, 2017, p. 79.
18. BRASIL. Ministério Público Federal.**Dados da Comissão de BIs**. Mensagem recebida por <robertovieira@mpf.mp.br> em 11 out 2013.
19. Sobre essa ausência, João Conde Correia destaca que "[a]s escolhas efetuadas são, assim, insuficientes, polémicas e pouco inteligíveis, dificilmente se deixando reconduzir a um denominador comum que explicite a política e a *mens legislatoris*" CORREIA, João Conde. **Da proibição do confisco à perda alargada**. Lisboa: Imprensa Nacional, 2012, versão *kindle,* posição 2.218.

analisado no capítulo 2, ao lado da aplicação automática em razão das práticas do crime do catálogo, a Inglaterra adota o referencial monetário de £5.000,00 como resultado esperado da ação criminosa para permitir a aplicação do confisco alargado. Acionado o critério monetário e preenchidas outras condições – que permitem qualificar o acusado dentro de um "modo de vida criminoso" –, o patrimônio do condenado será alcançado pelo instituto, a despeito de o crime praticado não ter sido previsto taxativamente no catálogo. Nesse ponto, a legislação brasileira poderia avançar para prever um rol aberto, exigindo-se, tão somente, um patamar mínimo pecuniário para acionar o instituto. Assim, condutas que antes estariam fora do rol de crimes – como o roubo, tipificado no art. 157 do Código Penal – poderiam ser alcançadas pelo instituto do confisco alargado.[20]

Vê-se, portanto, que a necessária seletividade do confisco alargado requer a imposição de parâmetros que inibam a aplicação do instituto a condutas pouco lesivas. De outro modo, o instituto deve ser flexível o suficiente para alcançar condutas que atendam a sua justificativa histórica.

4.2.1.2 Patrimônio e incompatibilidade entre o patrimônio e renda

O PL nº 4.850/2016 prevê, como requisito para aplicação do instituto, que a acusação demonstre os bens que compõem o patrimônio do condenado e indique a ausência de correspondência do patrimônio com a renda declarada.

---

20. O patamar que levaria a aplicação do instituto é objeto de discussão que extrapola os limites da dissertação, mas o ordenamento brasileiro já aplica semelhante estrutura para o crime de sonegação fiscal, pois as condutas em que o tributo iludido não ultrapasse R$ 10.000,00 são alcançadas pelo princípio da insignificância.

Nota-se, de início, uma clara diferença entre o modelo português e o modelo em discussão no Congresso quanto ao momento de demonstração da incompatibilidade patrimonial. A Lei nº 5/2002 permite que a acusação apresente, a partir da denúncia, todos os requisitos da perda alargada, inclusive a relação de patrimônio e a incompatibilidade com a renda. Já o PL nº 4.850/2016 transfere a análise desses requisitos para a fase da liquidação, após, portanto, o trânsito em julgado, tema que será abordado em seguida.

O conceito de patrimônio no PL nº 4.850/2016 é amplo, baseado no critério econômico similar ao inserido na Lei nº 5/2002. O primeiro critério definidor do patrimônio diz respeito a todos os bens em domínio do condenado à época da instauração do procedimento criminal ou civil, em nada influenciando que os tenha alienado posteriormente. Guardada a diferença quanto ao elemento temporal de referência, a redação é semelhante a fraude à execução descrita no inciso III do art. 792 do Código de Processo Civil.

O segundo critério definidor também está no inciso I do parágrafo 1º do projetado artigo 91-A do Código Penal. É a hipótese em que o bem pertence formalmente a terceiro, mas é administrado ou usufruído pelo condenado que se comporta como se proprietário fosse. O parâmetro de análise é o mesmo utilizado na lei portuguesa, pois enquanto aqui o critério é o domínio ou o usufruto, em Portugal preferiu-se por adotar o "domínio" e o "benefício". Também nesse segundo critério, o marco temporal adotado é o da instauração do procedimento criminal ou civil.

O terceiro critério incorpora os bens que foram transferidos gratuitamente ou com uma contraprestação irrisória a terceiro nos cinco anos anteriores à instauração do procedimento. O PL nº 4.850/2016 não define o que deve ser considerado como contraprestação irrisória. À falta de um parâmetro equivalente, pode-se estabelecer, como tal, a alienação inferior a 50% do valor real do bem, em analogia à norma do parágrafo único do art. 891 do Código de Processo Civil.

O inciso três apresenta como quarto critério definidor do patrimônio os bens recebidos pelo condenado cinco anos antes da instauração do procedimento. Tanto o terceiro quanto o quarto critérios utilizam, como marco temporal do período depurador, a instauração do procedimento, sem definir se pode ser utilizado eventualmente o cível, como o fez nos dois primeiros critérios definidos no inciso I.

As situações descritas no §1º do art. 91-A são semelhantes às encontradas em Portugal. Viu-se que, no país lusitano, entende-se como patrimônio todos os bens no domínio do réu ao tempo em que foi considerado suspeito ou os bens transferidos ou ingressados em seu patrimônio nos cincos anos anteriores à data em que foi constituído como suspeito. O ponto de diferença é que o PL nº 4.850/2016 é mais rigoroso, ao considerar como marco temporal a data de instauração do procedimento de investigação, ainda que o condenado não tenha sido indicado como investigado. Essa data serve para a fixação do período depurador de cinco anos. Assim, enquanto o período quinquenal retroage com base na data da constituição do investigado como suspeito em Portugal, no Brasil, o período retroage à data de instauração do procedimento.

Como definido em Portugal, o projeto estabelece um período de cinco anos para a depuração patrimonial. Aqui, como lá, a escolha parece ter se apoiado na legislação tributária para definir o prazo de cinco anos, que é o mesmo para lançamento e cobrança do crédito tributário pelo Estado.[21]

21. Artigos 173 e 174 da Lei nº 5.172/1966 (Código Tributário Nacional). Como registrado no item 2.2 acima, Hélio Rigor Rodrigues e Carlos A. Reis Rodrigues observam que o prazo de cinco anos é o mesmo utilizado para guardar

Cumpre notar que o PL nº 4.850/2016 não repetiu a previsão da Lei nº 5/2002 de expressamente computar juros, lucros e outros benefícios derivados de cada bem. Porém, é lógico incluí-los na apuração dos bens, uma vez que eles incrementam o patrimônio originariamente ilícito. A interpretação é corroborada pelo §5º do art. 12 da Convenção de Palermo que determina o confisco da receita ou de outros benefícios obtidos com o produto do crime.

Seguindo a lacuna também observada em Portugal, o PL nº 4.850/2016 não adota um método fixo de avaliação ou de identificação patrimonial, nem sugere, ao intérprete, alguma linha mais adequada de aferição. Faz-se relevante, mais uma vez, aporte doutrinário para auxiliar o desempenho de tal tarefa.[22]

Por fim, nota-se que o projeto de confisco alargado evitou a discussão sobre a necessidade de demonstração de carreira criminosa anterior. O texto em discussão no Congresso Nacional não incluiu a referência de presunção de que os bens advêm de carreira criminosa anterior, como existe em Portugal. A despeito da mesma lógica adotada para os dois institutos – a lógica de que o patrimônio incompatível com a renda deriva de atividade criminosa anterior–, a ausência de referência no texto deixa mais evidentes os critérios utilizados pelo legislador. De qualquer modo, a exclusão dos termos utilizados em Portugal não evita que a discussão da suposta presunção e da necessidade de demonstração de uma vida criminosa anterior venha

---

documentos fiscais. RIGOR RODRIGUES, Hélio; REIS RODRIGUES, Carlos A. **Recuperação de activos na criminalidade económico-financeira**: viagem pelas idiossincracias de um regime de perda de bens em expansão. Sindicato dos Magistrados do Ministério Público, s/d, p. 242.

22. LINHARES, Solon Cícero. **Confisco de bens**: uma medida penal, com efeitos civis contra a corrupção. São Paulo: Revista dos Tribunais, 2016, p. 99; MARTINS, Tiago Misael de Jesus. **Investigação financeira**: coleta, análise e uso de dados. 2016. Obra no prelo.

a surgir também no Brasil, embora não mais como requisito para aplicação do instituto e sim como questionamentos de legalidade material da norma.

4.2.2 Natureza

Assim como o confisco clássico, o confisco alargado suscita intensa discussão a respeito de sua natureza jurídica. A apresentação dos argumentos contidos nos itens 2.3 e 3.3 acima e a estrutura do confisco alargado continuaram a afastar a natureza penal do instituto, levando ao reconhecimento de se trata de um instrumento não-penal ou civil. A correta identificação não é estéril e acarreta efeitos sobre o campo probatório e sobre a pertinência ou não da incidência dos princípios da intranscendência da pena, da culpabilidade e da presunção de inocência.[23]

O campo penal de implementação da perda bens é pouco influente para determinar sua natureza jurídica. A observação já se fazia legítima em relação ao confisco clássico e é reforçada no confisco alargado, na medida em que o rito processual adotado no PL remete às regras da extinta execução por artigos, vigentes no Código de Processo Civil.

Não se identifica o confisco alargado com uma sanção penal, seja por não se elaborar qualquer juízo sobre a tipicidade da conduta ou da culpabilidade do condenado em relação ao período utilizado para acertamento patrimonial, seja por significar simplesmente um retorno ao *status quo* anterior ou uma vedação ao enriquecimento ilícito. A única condenação tipicamente penal relacionada ao confisco alargado serve, tão

---

23. Observações lançadas sobre o confisco clássico por Sérgio Fernando Moro, mas que se adequam ao instituto em análise. MORO, Sergio Fernando. **Crime de lavagem de dinheiro**. São Paulo: Saraiva, 2010, p. 168.

somente, para deflagrar o procedimento patrimonial, na implementação do confisco em si.

Por fim, a inferência ou presunção a uma atividade criminosa anterior podem, também, levar o intérprete a classificar o instituto como penal. Observe-se, contudo, que medidas semelhantes já existem no ordenamento brasileiro fora dos limites penais, a exemplo do inciso VII do art. 9º da Lei nº 8.429/1992, que elenca como fato típico de improbidade administrativa a aquisição de bem "cujo valor seja desproporcional à evolução do patrimônio ou à renda do agente público."

Vê-se, portanto, que o instituto do confisco alargado previsto no PL brasileiro é civil, atraindo, em consequência, os efeitos próprios desse regime.

4.2.3 Regime processual do confisco alargado

A par das normas substantivas, cumpre analisar as normas processuais atribuídas ao instituto do confisco alargado.

4.2.3.1 Imputação Patrimonial

A imputação patrimonial, ou cumprimento do capítulo da sentença, deve apresentar os três requisitos exigidos no projeto – condenação pelo crime do catálogo, existência de patrimônio e desconformidade dele com a renda –, acompanhados da indicação dos bens que serviram de suporte à desconformidade e ao valor representativo do montante a descoberto. Segue a mesma estrutura adotada em Portugal.[24]

24. RIGOR RODRIGUES, Hélio. Perda de bens no crime de tráfico de estupefacientes: harmonização dos diferentes regimes jurídicos aplicáveis. **Revista do Ministério Público**, n. 134, 2013, p. 241-242.

Em acréscimo, o Ministério Público deve indicar a data de instauração do procedimento, a qual vai servir de referência para a contagem do período quinquenal.

Conforme exposto no item 2.4, a imputação patrimonial em Portugal é apresentada no mesmo momento processual da acusação. Já o PL inverte o rito previsto na perda alargada. O trânsito em julgado da condenação é o fato processual que vai deflagrar a fase de demonstração dos requisitos pelo Ministério Público. Vale dizer, então, que somente a partir da condenação definitiva é que o Ministério Público pode demonstrar a incompatibilidade do patrimônio e apresentar o pedido de confisco do valor a descoberto. Transcreve-se o trecho correspondente do projeto em foco:[25]

> Art. 91-A. Em caso de condenação pelos crimes abaixo indicados, a sentença ensejará a perda, em favor da União, da diferença entre o valor total do patrimônio do agente e o patrimônio cuja origem possa ser demonstrada por rendimentos lícitos ou por outras fontes legítimas:
>
> [...]
>
> § 3º Após o trânsito em julgado, o cumprimento do capítulo da sentença referente à perda de bens, direitos e valores com base neste artigo será processado no prazo de até dois anos, no juízo criminal que a proferiu, nos termos da legislação processual civil, mediante requerimento fundamentado do Ministério Público que demonstre que o condenado detém, nos termos do § 1º, patrimônio de valor incompatível com seus rendimentos lícitos ou cuja fonte legítima não seja conhecida.

No PL, a estrutura prevista para o confisco alargado não segue o rito atual do confisco clássico e do confisco subsidiário,

25. BRASIL. Câmara de Deputados. Projeto de Lei º 4.850/2016: <http://www2.camara.leg.br>. Acesso em: 10 jun 2017.

demonstrados no item 3.4.1, sem que qualquer justificativa relevante fosse apresentada para tal modificação. O único ponto indicativo da motivação que levou a semelhante estrutura é a redação proposta para o §3º do art. 91-A do Código Penal, quanto à referência ao "cumprimento do capítulo da sentença" e "nos termos da legislação processual civil". Tal ponto leva à conclusão de que o instituto foi desenvolvido sob a ótica da execução de sentença prevista no art. 523 do Código de Processo Civil.

A exigência de comprovação dos requisitos para aplicação do instituto do confisco alargado - comprovação da incompatibilidade patrimonial e valor a descoberto – assemelha-se à liquidação disposta no art. 509, inciso II, do Código de Processo Civil. O Ministério Público apresenta o pedido de liquidação, e o réu é intimado a contestá-lo no prazo de 15 dias (art. 511 do Código de Processo Civil). Segue, então, nova fase instrutória e sentença, permitindo, em momento subsequente, a execução do julgado. Pela redação do projeto, remete-se o procedimento à legislação processual civil – permitindo a aplicação das normas de liquidação por artigos e de cumprimento de sentença do Código de Processo Civil."[26]

A inversão não fica a salvo de críticas. A principal delas é que a mudança provoca a alteração do atual rito do confisco, sem qualquer justificativa que aponte o benefício da alteração. Atualmente, o confisco é determinado na própria sentença, exigindo-se que a acusação relacione, ao menos, os bens que devem ser futuramente perdidos e a relação com o crime

26. BRASIL. Câmara de Deputados. Projeto de Lei º 4.850/2016. 2016. Disponível em: <http://www2.camara.leg.br>. Acesso em: 10 jun 2017. A indicação no projeto de "liquidação por artigos" refere-se ao Código de Processo Civil revogado, uma vez que o Código vigente modificou o modo de liquidação por artigos para liquidação pelo procedimento comum no art. 509, inciso II.

imputado. A estrutura em vigor estimula que a investigação patrimonial seja deflagrada no mesmo momento da investigação criminal, incentivo que desaparece com o novo instituto.

A inversão provoca a heterocronia entre a investigação a respeito da materialidade e da autoria e a investigação patrimonial. A escassez de recursos e de tempo levam a que as autoridades públicas concentrem sua atenção nos atos de preclusão mais imediata, a exemplo da reunião de elementos de materialidade e de autoria para oferecimento da denúncia. O modelo português definido na perda alargada antecipa o termo final da imputação patrimonial, retirando da autoridade pública a faculdade de iniciar a investigação patrimonial somente após a condenação. Essa circunstância reforça a importância do rastreamento do patrimônio.

A dissociação temporal vai de encontro ao que estipula o GAFI, que orientou os países-membros a permitirem "uma investigação financeira proativa aquando da perseguição do branqueamento de capitais, das infrações subjacentes associadas e do financiamento do terrorismo."[27] A referida recomendação é reforçada pela orientação oficial a respeito do tema:[28]

---

27. Recomendação nº 30. Disponível em: <wwww.fatf-gafi.org> Acesso em: 10 out 2017. Trad. livre de: *[...] these designated law enforcement authorithies should develop a pro-active parallel financial investigation when pursuing money laundering, associated predicated offences and terrorista financing.*

28. FATF. **Operational Issues Financial Investigations Guidance**. June, 2012, p. 10. Disponível em:<http://www.fatf-gafi.org> Acesso em: 10 ab 2017.24. *For many major proceeds-generating offences, money laundering is simply the by-product of criminal activity. After the criminal receives the proceeds of the crime, he/she usually wants to do something with these proceeds. The ability to follow the paper trail allows the full development of the facts and circumstances involved in the case to be shown in a logical and sequential pattern, and simplifies the understanding of how the financial pieces fits together. Parallel investigations ensure competente authorities uncover and identify all of the participants in a*

> 25. Para muitos dos produtos dos crimes, a lavagem de dinheiro é simplesmente o resultado da atividade criminosa. Após a obtenção do resultado do crime, ele ou ela normalmente pretende realizar algo com o produto do crime. A habilidade de seguir o caminho do dinheiro permite a reconstituição dos fatos e das circunstâncias num padrão lógico e sequencial, e simplifica a compreensão as movimentações individuais podem ser compreendidas conjuntamente. Investigações paralelas garante que as autoridades competentes revelem e identifiquem todos os participantes da empreitada criminosa. A investigação paralela permite a compreensão da hierarquia da organização criminosa, expondo os integrantes à acusação.

A simultaneidade entre a apuração do delito e a investigação patrimonial é reforçada por boas práticas existentes em outros países,[29] pelo Roteiro de Atuação do Ministério Público Federal[30]e pelo resultado de pesquisas empíricas. A título de exemplo, o estudo realizado no Reino Unido, em 2000, indica que 55% das constrições patrimoniais são realizadas antes da acusação e da condenação e, das 45% residuais, 31% são implementadas entre a acusação e a condenação. Demonstra-se, com isso, a prevalência da investigação patrimonial antes do início do processo criminal (gráfico 1).

---

criminal enterprise. A parallel financial investigation provides insight into the hierarquy of criminal organisations, exposing them to possible prosecution.

29. Asian-Pacific Economic Cooperation. Handbook – Best Practices in Investigating and Prosecuting Corruption Using Financial Flow Tracking Techiniques and Financial Intelligence. 2014, p. 23.

30. "As provas colhidas no apuratório principal aproveitam ao inquérito financeiro, as ações adotadas naquele servem para atingir os objetivos deste, razão pela qual, na medida do possível, eles devem ser conduzidos conjuntamente". BRASIL. Ministério Público Federal. Câmara de Coordenação e Revisão, **Roteiro de Atuação:** persecução patrimonial e administração de bens. Brasília, MPF, 2017, p. 47.

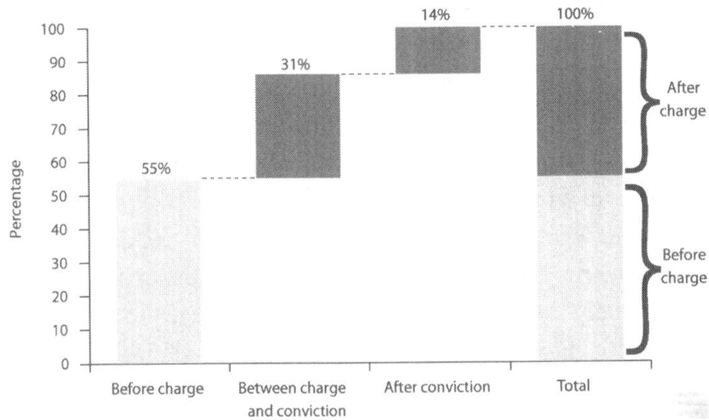

Gráfico 1: Investigação patrimonial

Fonte: United Kingdom, 2000[31]

A implementação da perda alargada como fase de cumprimento de sentença apresenta, ainda, a desvantagem de perpetuar a relação processual para etapa posterior ao trânsito em julgado da condenação, limitando a possibilidade de duração razoável da demanda criminal ou dos reflexos dessa demanda, valores elencados no art. 5º, inciso LXXVII, da Constituição Federal.

Obviamente, o mero deslocamento da apresentação da desconformidade patrimonial não impede o início da investigação patrimonial de modo concomitante à investigação criminal, mas favorece o papel secundário concebido atualmente a ela. Acrescente-se, ainda, que a necessidade de evitar a dissipação patrimonial no curso do processo estimula o uso de cautelares patrimoniais para garantir o resultado útil da

31. UNITED KINGDOM. **Recovering the Proceeds of a Crime**: a performance and inovation unit report. June, 2000, p. 53. Disponível em:<www.parliament.uk> Acesso em: 2 set 2017.

futura execução da sentença. Tal circunstância potencializa o dano decorrente da perpetuação do processo.

Em relação às medidas cautelares, o PL nº 4.850/2016 prevê, no § 2º do art. 91-A, a utilização de medidas assecuratórias e o instrumento da alienação antecipada. A despeito de não haver previsão expressa, não se visualiza óbice ao uso do sequestro previsto nos artigos 125 a 135 do Código de Processo Penal. É necessário que o objeto da cautelar seja ajustado para que a medida recaia sobre qualquer bem do condenado, não apenas sobre o patrimônio ilícito, o que é regra no sequestro.

Vê-se, portanto, que o deslocamento da imputação patrimonial acarreta dificuldades para a implementação do confisco alargado em razão do distanciamento temporal com a investigação destinada a reunir elementos probatórios da materialidade e da autoria. Mostra-se mais adequada, nesse caso, a implementação da estrutura prevista para a perda alargada e a atualmente vigente no Código de Processo Penal, permitindo que a acusação formule a imputação patrimonial quando do oferecimento da denúncia ou no prazo razoável para seu aditamento.

4.2.3.2 Defesa

O §4º do art. 91-A a ser inserido no Código Penal pelo projeto permite ao condenado afastar a imputação patrimonial, comprovando a existência de compatibilidade patrimonial, ou demonstrar a licitude da origem dos bens.

Embora o PL nº4.850/2016 não detalhe as hipóteses de versão defensiva, parece lógico, em relação à estrutura do instituto, que a suspeita não pode recair sobre o bem se o condenado demonstrar que estava em seu domínio fora do período quinquenal ou que o adquiriu com recursos obtidos fora desse período. A despeito de o legislador brasileiro não seguir o mesmo detalhamento da Lei nº 5/2002 de Portugal, a finalidade do período quinquenal é evitar a imposição de um ônus demasiadamente pesado para o condenado, a ponto de ele ter que demonstrar em juízo a prova da propriedade além do prazo adotado pela legislação tributária.[32] Apresentada a demonstração de bens ou de recursos fora do quinquênio legal, cabe à acusação comprovar que os bens ou os recursos também estavam contaminados pelo vício da ilicitude. Residualmente, a defesa pode impugnar o cálculo utilizado no cumprimento da sentença, afastando o valor atribuído a cada bem.

Por fim, um último ponto a respeito da defesa do condenado. Sem tecer argumentos mais precisos, Juarez Cirino dos Santos sustenta que o instituto inverte o ônus da prova em desfavor do condenado.[33]

A crítica olvida a estrutura do confisco alargado. Compete ao Ministério Público demonstrar a existência de patrimônio sob domínio do condenado e demonstrar que os bens são incongruentes com a renda. A conjunção da condenação anterior por crimes do catálogo com a incongruência patrimonial constitui elemento probatório indireto para reconhecer a origem ilícita dos bens. A referida carga probatória foi considerada como suficiente no PL para permitir a implementação do confisco alargado com base na máxima de experiência de que tais crimes demandam uma carreira criminosa anterior, que

32. RIGOR RODRIGUES, Hélio; REIS RODRIGUES, Carlos A. **Recuperação de activos na criminalidade económico-financeira**: viagem pelas idiossincracias de um regime de perda de bens em expansão. Sindicato dos Magistrados do Ministério Público, s/d, p. 236.

33. SANTOS, Juarez Cirino dos. Reflexões sobre Confisco Alargado. **Boletim do IBCCRIM**. Ano 23, n. 277, dez. 2015.

nem sempre é passível de detecção no nível exigido para uma condenação penal.[34]

Tecnicamente, o ônus probatório no confisco alargado não foi invertido, pois cabe à acusação demonstrar a incongruência patrimonial. Somente na presença de elementos probatórios da variação patrimonial incompatível é que a defesa tem o ônus de demonstrar a origem lícita do bem, ou seja, a ausência de incongruência patrimonial. Trata-se de um ônus adequado, pois ninguém melhor do que o proprietário para justificar a origem do bem.

A estrutura lógica do confisco alargado não é desconhecida no ordenamento brasileiro. De todos os exemplos possíveis, o art. 42 da Lei n 9.430/1996 sintetiza o que vem a ser analisado. Baseando-se na máxima de experiência de que os valores depositados em determinada conta bancária representam créditos em favor do titular, a norma reconhece que configuram omissão de receita "os valores creditados em conta de depósito ou de investimento mantida junto a instituição financeira, em relação aos quais o titular [...] não comprove [...] a origem dos recursos utilizados nessas operações". Cuida-se, portanto, de presunção relativa assumida para a imputação de conduta penal relevante, cuja legitimidade tem sido reconhecida pelo Superior Tribunal de Justiça.[35] Vê-se a mesma estrutura lógica também no campo da improbidade pois o inciso VII do art. 9º da Lei nº 8.429/1992 elenca como fato típico de improbidade administrativa a aquisição de bem "cujo valor seja desproporcional à evolução do patrimônio ou à renda do agente público". Frise-se que nos dois exemplos acima a

34. RIGOR RODRIGUES, Hélio; REIS RODRIGUES, Carlos A. **Recuperação de activos na criminalidade económico-financeira**: viagem pelas idiossincracias de um regime de perda de bens em expansão. Sindicato dos Magistrados do Ministério Público, s/d, p. 225.

35. BRASIL.Superior Tribunal de Justiça. Quinta Turma. HC 28305/GO. Disponível em: <www.stj.jus.br> Acesso em: 13 agos 2017.

consequência da tipicidade da norma penal e da norma de improbidade é muito mais grave do que a repercussão patrimonial do confisco alargado.

Até mesmo no confisco clássico, a indicação do proveito é demonstrada por meio da incongruência patrimonial com a prática de crime apto a gerar a desconformidade, como foi demonstrado no item 3.4.1, o que foi ratificado pelo Superior Tribunal de Justiça no confisco determinado na Operação Anaconda.[36] Em todos os exemplos, a estrutura lógica é similar à apresentada no projeto de introdução do confisco alargado no país, sendo insubsistente, portanto, a crítica de inversão do ônus da prova.

Em relação a terceiros eventualmente atingidos pela ordem de confisco, o PL expressamente prevê, no §5º do art. 91-A do Código Penal, a possibilidade de o bem ser reivindicado, mas não especifica o rito nem o prazo para a respectiva manifestação.

A garantia de respeito ao patrimônio jurídico de terceiros envolve dois aspectos: primeiro, a descrição taxativa das hipóteses em que os bens poderão ser atingidos; segundo, o oferecimento de garantias, no ordenamento, de que o terceiro pode influenciar o juízo de cognição a respeito da perda de seus bens.

As hipóteses de alcance do patrimônio do terceiro são descritas nos incisos I e II do parágrafo primeiro do art. 91-A do Código Penal. A primeira hipótese trata da situação em que o terceiro é meramente o proprietário formal do bem, mas os atos de administração ou de gozo são realizados pelo condenado; a segunda envolve a transferência do bem "a título gratuito ou mediante contraprestação irrisória, nos 5 (cinco)

36. BRASIL. Superior Tribunal de Justiça. Recurso Especial nº 827.940-SP. Rel. Min. Laurita Vaz. DJE 03/03/2008. Trecho do voto da Ministra à página 108. Disponível em: <www.stj.jus.br> Acesso em 9 out 2017.

anos anteriores à data da instauração do procedimento de investigação". Opera-se a presunção absoluta de que tais bens foram transferidos de modo fraudulento, no intuito de esconder o efetivo proprietário durante o período depurador de cinco anos antes da portaria de instauração do procedimento.

A garantia processual, por sua vez, permite a efetiva participação do terceiro no processo. Conforme demonstrado no item 2.4, o Código de Processo Penal português foi alterado em 30 de maio de 2017 para, expressamente, permitir a intervenção do terceiro na instrução probatória. A alteração do Código de Processo Penal seguia a orientação já fixada na União Europeia com a Diretiva 2014/14/UE. O art. 347 do Código de Processo Penal português prevê:[37]

> Art. 347.º-Declarações do terceiro titular dos instrumentos, produtos ou vantagens sucetíveis de ser declarados perdidos a favor do Estado.
>
> 1 – Ao terceiro ao qual pertençam instrumentos, produtos ou vantagens sucetíveis de ser declarados perdidos a favor do Estado, é garantido o exercício do direito do contraditório e a prestação de declarações, mediante perguntas formuladas por qualquer dos juízes ou dos jurados ou pelo presidente, a solicitação do próprio terceiro, do Ministério Público, do defensor ou dos advogados do assistente ou das partes civis.
>
> É correspondentemente aplicável o disposto nos nº 2 e 4 do artigo 145.º e no n.º 3 do artigo 345º.

O PL nº 4.850/2016 não estipula um rito ou prazo próprios. O pressuposto lógico do dispositivo é o de que o terceiro intervenha, espontaneamente, para demonstrar o vínculo de

37. PORTUGAL. **Código de Processo Penal.** Lisboa, 17 de fevereiro de 1987. Disponível em: <https://www.parlamento.pt> Acesso em: 15 set 2017.

propriedade dos bens, sem aludir à obrigação de intimação da decisão de constrição dos bens. A redação repete o tratamento concedido à impugnação de medidas cautelares patrimoniais no Código de Processo Penal, conforme demonstrado no item 3.7. O Código trata dos embargos de terceiro em três oportunidades, nos arts. 129 e 130, incisos I e II, e em nenhum deles trata do rito do processo incidente ou do dever de o juiz comunicar ao terceiro a constrição dos bens.

Nesse ponto, o dispositivo legal atende melhor a finalidade de garantir a oportunidade de participação do terceiro se fosse reconhecida, como obrigação do juízo, a intimação dele. A inversão da lógica do rito – em intimar o terceiro para intervir e não apenas aguardá-lo – não é novidade no Código de Processo Civil e segue o mesmo procedimento já adotado para os embargos de terceiro:[38]

> Art. 675. Os embargos podem ser opostos a qualquer tempo no processo de conhecimento enquanto não transita em julgado a sentença e, no cumprimento da sentença ou no processo de execução, até 5 (cinco) dias depois da adjudicação, da alienação por iniciativa particular ou da arrematação, mas sempre antes da assinatura da respectiva carta.
>
> Parágrafo único. Caso identifique a existência de terceiro titular de interesse em embargar o ato, o juiz mandará intimá-lo pessoalmente.

A adoção do rito dos embargos de terceiro mostra-se mais adequada tanto em razão do tratamento lacônico do Código de Processo Civil oferecido ao exercício do contraditório em

---

38. BRASIL. **Código de Processo Civil**. Lei nº 13.105, de 16 de março de 2015. Disponível em: <www.planalto.gov.br> Acesso em: 29 set 2017.

decisões com efeitos patrimoniais, como pela razoabilidade de seguir a escolha do PL nº 4.850/2016 em procedimento civil de execução previsto nesse Código.

4.2.3.3 A decisão no confisco alargado

A sentença condenatória por algum dos crimes previstos no catálogo permite que a acusação demonstre a presença dos requisitos do confisco alargado em sede de cumprimento de sentença. Como indicado acima, o juízo acerca da existência de patrimônio e de sua incompatibilidade com a renda é realizado após a sentença condenatória, em fase processual específica, e não na decisão penal que aprecia a autoria e a materialidade delitiva.

A justificativa do projeto explicita que a comprovação dos requisitos do confisco alargado deve ocorrer em sede de cumprimento de sentença, especificamente segundo as regras vigentes para a liquidação por artigos, prevista nos arts. 475-E a 475-H do Código de Processo Civil então vigente. A Lei 13.105/2015 instituiu um novo Código de Processo Civil, revogando o anterior e abolindo a referência à liquidação por artigos. A despeito da mudança, o procedimento continua similar ao adotado anteriormente,[39] não influenciando, de modo significativo, a estrutura processual prevista no projeto de lei.

A liquidação possui natureza constitutiva,[40] pois a decisão de mérito reconhece a existência de fato não alegado em processo anterior que pode influenciar a definição do valor

39. NERY JUNIOR, Nelson; NERY, Rosa Maria de Andrade. **Código de Processo Civil Comentado**. 16. ed. São Paulo: Editora Revista dos Tribunais, 2016, p. 1352.

40. NERY JUNIOR, Nelson; NERY, Rosa Maria de Andrade. **Código de Processo Civil Comentado**. 16. ed. São Paulo: Editora Revista dos Tribunais, 2016, p. 1349.

buscado no cumprimento da decisão condenatória. Como no regime processual anterior, o atual Código de Processo Civil adota o rito do procedimento comum, com a peculiaridade de que o requerido deve ser intimado a manifestar-se em 15 dias. Apesar do procedimento civil, o § 3º do art. 91-A previsto no PL 4.850/2016 determina que o pedido seja apresentado no juízo criminal que proferiu a sentença condenatória.

A decisão final tomada em sede de liquidação constitui uma obrigação de pagamento e, somente após a inadimplência do condenado, surge a pretensão de alcançar seus bens. O PL nº 4.850/2016 não definiu o prazo de pagamento, aplicando-se, por coerência, o prazo de 15 dias estabelecido no art. 523 do Código de Processo Civil atualmente vigente.

A natureza da decisão que resolve o cumprimento da sentença demonstra a importância de se estudar o *standard* probatório que aprecia o pedido de confisco alargado. A adoção de critérios legais para decisões judiciais não é a regra nos países de tradição *civil law*. Indo além do mero cotejo entre o sistema de provas tarifadas e o princípio do livre convencimento motivado, identifica-se a necessidade de previsão de critérios objetivos de valoração da prova. A esse campo de estudo, atribui-se a qualificação de critérios de decisão, *standards* ou modelos de constatação, que representam nada mais que "pautas objetivas, sujeitas ao controle e à discussão das partes, na constatação de fatos, e auxiliam na evitação do erro ou do arbítrio", nas palavras de Danilo Knjnik.[41]

Há diversos critérios legais estudados na doutrina,[42] mas três deles merecem ser destacados em razão do uso mais corrente

41. KNIJNIK, Danilo. **A Prova nos Juízos Cível, Penal e Tributários**. Editora Forense: Rio de Janeiro, 2007, p. 18.

42. Além da prova além da dúvida razoável e da preponderância de evidências, Danilo Knijnik cita as *special rules*, a mínima atividade probatória, o modelo

no país: os *standards* da preponderância de evidências, de uma prova clara e convincente e da prova além da dúvida razoável.

Como destacado no item 3.4.4, a prova além da dúvida razoável é exigida nos processos de natureza penal; no campo cível, a preponderância de provas representa o critério para processos essencialmente patrimoniais. Reserva-se o critério de prova clara e convincente apenas para demandas nas quais estejam em discussão valores especiais, mas que não chegam a alcançar a esfera penal.[43] Obviamente, tais critérios não eliminam a subjetividade inerente a qualquer ato de cognição, embora permitam que o intérprete reconheça um nível de exigência probatória suficiente à pretensão posta em juízo, como esclarece Danilo Knjnik:[44]

> Os modelos de constatação não são, como acertadamente observa Strache, regras configuradas conceitualmente, às quais se possa efetuar simplesmente a subsunção por via do procedimento silogístico, mas pautas móveis, que têm de ser inferidas da conduta reconhecida como 'típica', e que têm que ser permanentemente concretizadas em sua aplicação no caso.

Embora o ordenamento nacional não se refira, expressamente, a nenhum deles, não é raro encontrar na jurisprudência[45]referência aos citados parâmetros. À guisa de exemplo, o parâmetro da prova além da dúvida razoável foi utilizado nos

---

das dúvidas positivo-concretas, a doutrina do absurdo e da arbitrariedade, a congruência narrativa, o *défautde motifs*, os modelos matemático-probabilíticos. Os *Standards* do Convencimento Judicial: paradigmas para o seu possível controle. **Revista Forense,** 2001, p. 15-51.

43. GARNER, Bryan A. Black's law dictionary. 9th ed. Saint Paul: West Group, 2014. p. 1.457.

44. KNIJNIK, Danilo. Os *Standards* do Convencimento Judicial: paradigmas para o seu possível controle. **Revista Forense**. 2001,p. 45-46.

45. Encontram-se citações no Tribunais Regionais Federais da 5ª (BRASIL. TRF5. ACR 14109. Rel. Des. Fed. Rubens de Mendonça Canuto. J. em 7/3/2017)

votos dos Ministros Luiz Fux, Celso de Mello, Rosa Weber e Gilmar Mendes no julgamento da Ação Penal 470 pelo Supremo Tribunal Federal.[46]

Conforme demonstrado no capítulo três, o Código de Processo Penal não elegeu um critério de decisão para a perda de bens. O PL nº 4.850/2016 não rompe formalmente com essa tradição, mas confere elementos mais seguros à afirmativa de que a decisão de confisco é de natureza cível e, por isso, deve orientar-se pelas regras probatórias vigentes no campo processual civil.

A constatação decorre da remessa do confisco para o rito da fase de liquidação por artigos, como se pode notar na proposta de redação do art. 91-A do Código Penal:

> Art. 91-A. Em caso de condenação pelos crimes abaixo indicados, a sentença ensejará a perda, em favor da União, da diferença entre o valor total do patrimônio do agente e o patrimônio cuja origem possa ser demonstrada por rendimentos lícitos ou por outras fontes legítimas:
>
> [...]
>
> § 3º Após o trânsito em julgado, o cumprimento do capítulo da sentença referente à perda de bens, direitos e valores com base neste artigo será processado no prazo de até dois anos, no juízo criminal que a proferiu, nos termos da legislação processual civil, mediante requerimento fundamentado do Ministério Público que demonstre que o condenado detém, nos termos do § 1º, patrimônio de valor incompatível com seus rendimentos lícitos ou cuja fonte legítima não seja conhecida.[47]

---

e da 3ª. BRASIL. TRF3. ACR 67511. Rel. Des. Fed. José Lunardelli. J. em 6/9/2016 Regiões.

46. BRASIL. Supremo Tribunal Federal. **AP 470/MG**. Disponível em: <http://stf.jus.br>Acesso em: 13 agos 2017.

47. BRASIL. Câmara de Deputados. Projeto de Lei º 4.850/2016. 2016. Disponível em: <http://www2.camara.leg.br>. Acesso em: 10 jun 2017.

A interpretação é corroborada pela justificativa do PL 4.850/2016:[48]

> Considerando tratar-se de um dos efeitos da condenação criminal, o projeto prevê que o cumprimento da sentença que decretar o confisco alargado, após o trânsito em julgado, será processado, no prazo de até dois anos, no juízo criminal que proferiu a decisão. Nessa fase, o Ministério Público, com base no título jurídico judicial, deverá alegar e comprovar o patrimônio do condenado que não é compatível com os seus rendimentos lícitos e que também não tem outra origem lícita conhecida, segundo as informações públicas disponíveis. Remete-se o procedimento à legislação processual civil – permitindo a aplicação das normas de liquidação por artigos e de cumprimento de sentença do Código de Processo Civil.

Percebe-se que o juízo a respeito da inconformidade patrimonial é exercido sob as normas do Código de Processo Civil, sendo lógico inferir que o PL em foco embute o critério probatório cível na decisão proferida em sede de liquidação. A mudança é importante e sinaliza um avanço em relação ao quadro de omissão do Código de Processo Penal. De todo modo, adotado o critério probatório cível, cumpre aferir o padrão probatório adequado para o juízo de cognição.

O capítulo da sentença relativo ao confisco trata exclusivamente de efeitos patrimoniais da conduta, não se discutindo a culpabilidade do condenado ou a imposição de qualquer sanção penal típica. Dessa forma, o critério da preponderância de provas surge como opção adequada ao novo instituto. Tiago Cintra Essado também sustenta que o parâmetro de decisão

48. BRASIL. Câmara de Deputados. **Projeto de Lei º 4.850/2016**. Disponível em: <http://www2.camara.leg.br >. Acesso em: 10 jun 2017.

deve ser cível e não penal, mostrando-se salutar a adoção expressa do critério da preponderância de evidências:[49]

> Conforme já mencionado, a natureza do procedimento probatório projetado para a *perda alargada* é unicamente patrimonial. Não será possível qualquer discussão de aspectos de culpabilidade e nem mesmo o uso posterior, por exemplo, em sede recursal, de elementos probatórios obtidos nesse procedimento em prejuízo do imputado.
>
> [...]
>
> Após a condenação penal e para a hipótese do advento do procedimento patrimonial, o bem jurídico em jogo será unicamente a propriedade.
>
> [...]
>
> O critério da dúvida razoável previsto para o juízo de culpabilidade não serve para o juízo da perda de bens. Também não é o caso de se adotar o critério intermediário, próprio para processos civis distintos dos tradicionais, como o que discute possível prática de improbidade administrativa, da prova clara e convincente. Por coerência sistêmica, o critério entendido como adequado para a *perda alargada* é o da preponderância de provas.

Portanto, reconhecendo a evolução do PL nº 4.850/2016, ao atrair, expressamente, o Código de Processo Civil para a

49. ESSADO, Tiago Cintra. **A perda de bens e o novo paradigma para o processo penal brasileiro.** Rio de Janeiro: Lumen Juris, 2015, p. 278. O posicionamento é compartilhado por Solon Cícero Linhares. LINHARES, Solon Cícero. **Confisco de Bens**: uma medida penal, com efeitos civis contra a corrupção. São Paulo: Revista dos Tribunais, 2016, p. 169 e Cláudio Macedo Souza e Luiz Eduardo Dias Cardoso. SOUZA, Cláudio Macedo de; CARDOSO, Luiz Eduardo Dias. A perda alargada em face da principiologia processual penal brasileira. **Revista Brasileira de Ciências Criminais**, v. 118, 2016, p. 251.

decisão de confisco, observa-se que a referência ao critério de preponderância das evidências se adequa melhor à natureza do instituto, atendendo, ainda, às boas práticas internacionais que recomendam a redução da exigência do *standard* probatório.[50]

4.3 LACUNAS

Apesar do minudente tratamento concebido ao confisco alargado, a proposta legislativa deixou de tratar de temas relevantes ao instituto da recuperação de ativos ou que afetam sensivelmente direitos individuais. Esses temas merecem a atenção do legislador.

4.3.1 Aplicação retroativa do confisco alargado

A introdução do confisco alargado no ordenamento jurídico estimula a indagação a respeito da eficácia do instituto para alcançar a incongruência ocorrida antes da vigência da norma. Cumpre responder, nesse sentido, à seguinte questão: a norma que introduz o confisco alargado alcança a incongruência patrimonial originada antes da entrada em vigor do novo instituto?

Em Portugal, Jorge Godinho sustenta que eventual confisco não poderia retroagir à data em que a Lei nº 5/2002 entrou em vigor. Segundo ele, a perda determinada em janeiro de 2004 permitiria a avaliação do patrimônio até 2002 – apenas dois anos e não cinco – e, progressivamente, a norma entraria em vigor. João Conde Correia compartilha desse posicionamento, ao defender que "[s]ó é admissível o confisco do produto de

---

50. STEPHENSON, Kevin, *et al.* **Barriers do Asset Recovery**: an analysis of the key barriers and recomendation for action. Stolen Asset Recovery Initiative, 2011, p. 7.

crimes cometidos depois da entrada em vigor da respetiva norma."[51] Em ao menos um julgamento, a perda foi limitada à data de vigência da nova legislação.[52]

No Brasil, a resposta à pergunta poderia ser auxiliada pela reação à introdução do confisco subsidiário em 2012, com a Lei nº 12.694. Como demonstrado no item 3.2.1, o tema não recebeu a atenção da doutrina nem da jurisprudência. O único tratamento dado ao tema pontua que a solução passa por identificar o instituto como norma de direito material ou norma processual e que a identificação pela primeira natureza leva à irretroatividade do instituto.[53]

A questão, por certo, com toda a sua complexidade, não cabe em apenas algumas linhas, mas, sem pretender esgotar o tema, o melhor tratamento para o tema é a possibilidade de aplicação do confisco alargado a qualquer incongruência patrimonial, mesmo aquela exibida antes da vigência da nova legislação.

O posicionamento está de acordo com a natureza civil e com a ausência de caráter sancionatório do instituto, motivo pelo qual não se mostra incidente a garantia da irretroatividade da norma penal, extraída do art. 5º, inciso XL da Constituição Federal de 1988. Ademais, a origem ilícita do patrimônio não atrai a proteção jurídica oferecida pelo direito à propriedade, sob pena de se ir de encontro à vedação do enriquecimento

51. CORREIA, João Conde. **Da proibição do confisco à perda alargada**. Lisboa: Imprensa Nacional, 2012, posição 844, versão *kindle*.

52. Apesar de reconhecer a limitação da irretroatividade da Lei nº 5/2002, a sentença acabou por condenar o réu pelo valor total indicado pelo Ministério Público, o que levou o Tribunal da Relação do Porto a retificar o valor do confisco.

53. BRASIL. Ministério Público Federal. Câmara de Coordenação e Revisão. **Roteiro de Atuação:** persecução patrimonial e administração de bens. Brasília: MPF, 2017, p. 27.

ilícito e à busca do sistema normativo em desestimular a atratividade de crimes econômicos. Assim, a lacuna sobre o importante tema deve ser suprida para reforçar a eficácia do instituto em situações de incongruências patrimoniais, geradas antes da vigência da norma.

4.3.2 Investigação patrimonial

Ao lado da criação de um novo instituto de confisco, cumpriria, ao legislador, a inserção de normas próprias à investigação patrimonial e o fortalecimento de um ou mais órgãos para o exercício dessa função.[54]

A indicação de que a investigação patrimonial ainda é escassa, como demonstrada no capítulo três, é corroborada por estudo realizado em 2010, envolvendo juízes com competência criminal de cinco Tribunais Regionais Federais. Perguntados sobre a quantidade de sentenças condenatórias em que o dano causado pelo crime foi reconhecido e em quantas medidas cautelares de hipoteca e de arresto foram aplicadas, o resultado apontou que 96% dos juízes reconheceram não adotar nenhuma garantia processual para o ressarcimento. Quando a pergunta foi direcionada ao uso do sequestro, 94% dos juízes afirmaram não aplicar medida cautelar na sentença. A pesquisa demonstrou a ausência de manejo de cautelares patrimoniais no processo penal, o que é elemento indicativo da ausência de investigação patrimonial ao longo da investigação criminal. [55]

---

54. A investigação financeira é destinada a realizar o rastreamento de ativos para buscar elementos de materialidade e de autoria. Como espécie da investigação financeira, a investigação patrimonial é o método de investigação utilizado para o rastreamento de ativos com a finalidade principal de recuperá-los. O conceito foi explorado no item 2.6.
55. AMARAL, Thiago Bottino do (Coord.) **Medidas assecuratórias no processo penal**. Projeto Pensando o Direito. Rio de Janeiro/Brasília: FGV Rio, 2010, p. 31.

Nessa mesma linha, o estudo de diagnóstico realizado pelo Projeto Bidal[56] apontou a carência de manuais ou de protocolos que sirvam à disseminação de técnicas de investigação patrimonial ou mesmo cursos de formação para membros do Ministério Público e do Poder Judiciário.[57]

> É importante mencionar que no Brasil somente existe um protocolo sobre o desenvolvimento da investigação patrimonial – o documento está aparado pelo segredo profissional dos procuradores adstritos ao Ministério da Fazenda e se chama "Manual de Procedimentos da Procuradoria-Geral da Fazenda Nacional para Localização de Bens e Devedores".
>
> [...]
>
> Além da investigação realizada, foi possível determinar que não existe suficiente capacitação para os juízes, promotores e investigadores em temas de investigação patrimonial. Da análise de algumas entrevistas vemos que, ao não existir um modelo uniforme ou protocolo específico para o desenvolvimento de uma investigação patrimonial, nem tampouco um ente investigador que paute orientações normativas, o resultado prático deste tipo de investigação é multifacetado e as respostas a esta pergunta mudam muito dependendo da experiência, responsabilidades e instituição onde os trabalhos sejam realizados.

No cenário brasileiro, são poucas as publicações institucionais que tangenciam o tema, a exemplo do Manual de

---

56. Conforme explicado no capítulo três, o Projeto Bidal é uma iniciativa da Organização dos Estados Americanos. O diagnóstico do padrão de investigação no Brasil foi estimulado como uma das metas da Encla.

57. OEA. Organização dos Estados Americanos. **Projeto BIDAL Brasil**. Documento de Resultados do Diagnóstico Situacional Relacionado à Investigação Patrimonial, Administração e Destino de Bens Apreendidos e Confiscados. 2015, p. 21. Disponível em: < http://www.justica.gov.br> Acesso em: 9 agos 2017.

Bens Apreendidos,[58] publicado pelo Conselho Nacional de Justiça em 2011, que visa indicar aos magistrados alternativas de tratamento para cada tipo de bem apreendido.

Em 2017, duas iniciativas apresentaram contribuição de relevo para a matéria. A primeira foi o Roteiro de Persecução Patrimonial e Administração de Bens,[59] que trata de temas como os efeitos econômicos do crime, a investigação patrimonial, a blindagem patrimonial, a tutela cautelar, o perdimento de bens no juízo cível e a administração de bens apreendidos. Foi a abordagem pedagógica mais incisiva do Ministério Público Federal para deslocamento da atenção dos órgãos de persecução para os efeitos patrimoniais do crime.

A segunda iniciativa de relevo foi o reconhecimento da persecução patrimonial no procedimento investigatório criminal. O Conselho Nacional do Ministério publicou a Resolução nº 181, de 7 de agosto de 2017, na qual reconhece a persecução patrimonial como uma medida voltada "à localização de qualquer benefício derivado ou obtido, direta ou indiretamente, da infração penal, ou de bens ou valores lícitos equivalentes", além de prever a rotina de autuação do procedimento.[60]

Registre-se que a dependência entre a eficiência da aplicação do instituto do confisco e a cultura de investigação patrimonial não deve ser menosprezada. Em Portugal, apesar da vigência

---

58. BRASIL. Conselho Nacional de Justiça. **Manual de bens apreendidos**. 2011. Disponível em: <www.cnj.jus.br> Acesso em 4 out 2017.

59. BRASIL. Ministério Público Federal. Câmara de Coordenação e Revisão, 2. **Roteiro de Atuação**: persecução patrimonial e administração de bens. Brasília: MPF, 2017. Na área internacional, o Centro Internacional para Recuperação de Ativos visa, apenas, estudar e promover cursos sobre o tema. Disponível em: <https://www.baselgo.vernance.org> Acesso em: 9 agos 2017.

60. BRASIL. Conselho Nacional do Ministério Público. **Resolução nº 181**, de 7 de agosto de 2017. Diário Eletrônico do CNMP, caderno processual, edição de 8/9/2017.

da Lei nº 5 em 2002, identifica-se um grande hiato entre a introdução da perda alargada e seu efetivo uso. A constatação é resultado da avaliação de João Conde Correia:[61]

> Porventura por causa deste clamor doutrinal, devido às rotinas instaladas, à aversão pelas novidades e até à sua própria excentricidade técnica, a solução parece ter ficado então esquecida, de tal forma que durante os seus primeiros anos de vida muito poucos ousaram promover e aplicar o mecanismo. Contrariando as elevadas expectativas do legislador, a perda alargada tornou-se numa mera curiosidade jurídica sem qualquer aplicação consistente. Não havia verdadeira investigação patrimonial e financeira, as liquidações eram muito pouco frequentes, as condenações uma verdadeira raridade jurídica.

O referido autor é acompanhado por Hélio Rigor Rodrigues, para quem as causas da lenta implementação da perda alargada estão no modelo de processo penal voltado para a autoria e a materialidade dos crimes imputados e os parcos recursos destinados à recuperação de ativos.[62]

O tratamento legislativo da investigação patrimonial serviria também para esclarecer os limites probatórios da investigação patrimonial. No posicionamento assumido neste

61. CORREIA, João Conde. **Da proibição do confisco à perda alargada**. Lisboa: Imprensa Nacional, 2012, versão *kindle*, p. 208.

62. RIGOR RODRIGUES, Hélio. Gabinete de Recuperação de Activos. O que é, para que serve e como atua. **Revista do Centro de Estudos Judiciários**, 2013ª, nº 1, p. 63. Em outro artigo, os dois autores ressaltam que o ponto principal para a implementação da perda alargada "não é necessária mudar a lei é urgente mudar a cultura jurídica". CORREIA, João Conde; RODRIGUES, Hélio Rigor. Anotação ao Acórdão do Tribunal da Relação de Guimarães de 01-12-2014, Proferido no Processo 218/11.0GACBC.G1. **Revista Julgar**. 2017, versão *on line*, p. 7.

trabalho, o confisco alargado tem natureza civil em razão da ausência de repercussão das consequências típicas do Direito Penal e por representar, meramente, a devolução de bem ilicitamente apropriado pelo particular.

A natureza civil do instituto interfere nos limites probatórios da investigação patrimonial uma vez que não se pode usar meios probatórios reservados, exclusivamente, à investigação criminal típica. É o caso da interceptação das comunicações telefônicas ou telemáticas, diligência destinada, apenas, à investigação criminal ou à instrução processual penal, conforme redação do art. 5º, incisos XI da Constituição Federal.

O tema foi abordado de modo secundário na justificativa do PL nº 4.850/2016, ao estabelecer que a identificação do patrimônio incompatível deve ser realizada "segundo as informações públicas disponíveis".[63] A natureza civil do confisco defendida nesta dissertação leva, por consequência, aos limites típicos das provas cíveis. A vedação recai, apenas, sobre a investigação patrimonial pura, ou seja, aquela em que se busca só a identificação do patrimônio do réu, sem relação com a reunião de elementos probatórios destinados à verificação da materialidade e da autoria. A investigação financeira conduzida para a identificação de elementos de materialidade do crime de lavagem de ativos pode, naturalmente, carrear elementos aptos à identificação do patrimônio real ou de sua renda lícita. Assim, admite-se a adoção de tais diligências em investigação financeira, gênero que abrange como espécie a investigação patrimonial.

Do mesmo modo, a limitação cível não impede a utilização das provas obtidas na investigação após o compartilhamento autorizado judicialmente. A natureza civil não inibe a adoção

---

63. BRASIL. Câmara de Deputados. **Projeto de Lei nº 4.850/2016**. 2016, p. 77.Disponível em: <http://www2.camara.leg.br>. Acesso em: 10 jun 2017.

de meios probatórios colocados sob reserva de jurisdição, mas que não estão restritos à investigação penal, como o acesso a dados bancários e telemáticos já armazenados.[64]

No que toca ao desempenho da investigação patrimonial, verifica-se, na União Europeia, o estímulo à criação de um órgão específico para a realização de tal função. A Decisão-Quadro 2007/845 do Conselho da União Europeia exortou todos os países do bloco a criarem ou designarem "um gabinete nacional de recuperação de bens, para efeitos de facilitar a detecção e identificação dos produtos e outros bens". O exemplo de Portugal reforça essa indicação. O país instituiu um órgão próprio para a função de investigação patrimonial, o que é apontado como fator que influenciou a promoção da recente mudança de cultura institucional dentro do ordenamento português,[65] ao lado da elevação da recuperação de ativos como prioridade de política criminal.[66]

---

64. A proteção constitucional do artigo 5º, inciso XII, da Constituição Federal alcança apenas a comunicação de dados. Os dados já armazenados podem ser acessados para outros fins que não sejam para investigação criminal, a exemplo de apuração conduzida por Comissão Parlamentar de Inquérito ou de inquérito civil público para apurar ato de improbidade administrativa.
65. "A criação de um Gabinete de Recuperação de Activos (GRA) e de um Gabinete de Administração de Bens (GAB) introduzido na sequência da Lei nº 45/2011, de 24 de junho, deu um importante contributo para o efeito, permitindo a realização das (por vezes) complexas investigações patrimoniais e financeiras indispensáveis à identificação, à liquidação e ao arresto do património incongruente (...)".RIGOR RODRIGUES, Hélio; REIS RODRIGUES, Carlos A. **Recuperação de activos na criminalidade económico-financeira**: viagem pelas idiossincracias de um regime de perda de bens em expansão. Sindicato dos Magistrados do Ministério Público, s/d, p. p. 209.
66. As prioridades da política criminal são definidas bienalmente por ato legislativo. A referência à recuperação de ativos está no art. 12 da Lei nº 72/2015: Art. 12º. Recuperação de ativos. É prioritária a identificação, localização e apreensão de bens ou produtos relacionados com crimes, a desenvolver pelo

No Brasil, o órgão que mais se aproxima do desempenho da investigação patrimonial é o Laboratório de Tecnologia contra a Corrupção e a Lavagem de Dinheiro (Lab-LD), integrado à Rede Nacional de Laboratórios de Tecnologia (Rede-Lab), instituída pela Portaria nº 242 de 29/9/2014 do Secretário Nacional de Justiça do Ministério da Justiça e subordinada ao Departamento de Recuperação de Ativos e Cooperação Jurídica Internacional (DRCI).

A despeito de não apresentar dentre seus objetivos institucionais expressos a realização de investigação patrimonial, Ricardo Andrade Saadi, diretor do DRCI de 2010 a 2017, destaca que "os laboratórios são ferramentas que permitem encontrar os ativos de origem ilícita, por meio da investigação patrimonial."[67] Em verdade, a Rede-Lab tem potencial para realizar a investigação patrimonial, assim como o Ministério Público e a Polícia na presidência dos respectivos procedimentos. Porém, nenhum desses órgãos possui estrutura similar a que é reservada à investigação patrimonial em outros países, como em Portugal. Esse quadro foi reconhecido no diagnóstico do Projeto Bidal sobre o Brasil.[68]

Foge ao escopo deste estudo delimitar o alcance ou as funções dos órgãos responsáveis que poderiam conduzir a investigação patrimonial. Nota-se, contudo, que não basta a implantação de uma nova espécie de perda de bens, sem que a investigação patrimonial seja devidamente reforçada, tanto pelo desenvolvimento de normas próprias do instituto, quanto pela

---

Gabinete de Recuperação de Ativos, nos termos previstos na Lei nº 45/2011, de 24 de junho, alterada pela Lei nº 60/2013, de 23 de agosto.

67. SAADI, Ricardo Andrade; MACHADO, Diogo de Oliveira. **Os Valores da Corrupção**: administração de bens apreendidos. Revista Direito GV, maio-ago 2017, v. 13, nº 2, p. 500.

68. ORGANIZAÇÃO DOS ESTADOS AMERICANOS. **Projeto BIDAL Brasil**. Documento de Resultados do Diagnóstico Situacional Relacionado à Investigação Patrimonial, Administração e Destino de Bens Apreendidos e Confiscados. 2015, p. 18. Estudo apresentado no capítulo três.

criação ou especialização de órgão exclusivamente destinado a executar tal função. Do uso escasso da investigação patrimonial no Brasil e do exemplo de órgãos especializados no Direito Comparado infere-se a necessidade de, ao menos, um estudo de eficiência do atual modelo, bem como a elaboração de algum projeto que preveja a correção de falhas na divisão de atribuição dos órgãos responsáveis pela investigação criminal. Ao lado disso, mostra-se adequada a inserção de medidas que promovam o desenvolvimento de uma cultura de investigação dentro da consolidada rotina da investigação criminal.

4.3.3 Distribuição dos recursos recuperados e monitoramento

O êxito na recuperação de ativos atrai a atenção para três outras questões centrais identificadas na distribuição de recursos entre os órgãos estatais que participaram da investigação, na preferência da indenização às vítimas e no monitoramento da aplicação do confisco alargado. Nenhuma dessas questões foi tratada no PL nº 4.850/2016.

A Convenção de Mérida disciplina o pagamento de indenização às vítimas com os valores recuperados. Após tratar da hipótese de malversação ou de peculato de fundos públicos, o art. 57 da Convenção prevê que o pagamento de indenização tem prioridade tanto quanto a restituição dos recursos ao Estado requerente, em caso de cooperação internacional, e a devolução de bens apreendidos aos legítimos proprietários. De modo similar, a Convenção de Palermo estipula que o produto do crime ou os bens confiscados devem ser restituídos ao Estado requerente "para que este último possa indenizar as vítimas da infração ou restituir este produto do crime ou estes bens aos seus legítimos proprietários."[69]

69. Convenção de Palermo, art. 14, parágrafo 2.

O tratamento singular concedido às vítimas indica a preferência da destinação dos recursos recuperados, posicionamento que encontra suporte na doutrina portuguesa.[70] Em razão da adesão do Brasil aos referidos tratados, a solução também segue aponta para a mesma direção. Além das Convenções, o art. 91, II, b do Código Penal estabelece a perda do produto do crime em favor da União, "ressalvado o direito do lesado ou de terceiro de boa-fé". Essa norma é reforçada pelo art. 24 da Lei nº 12.846/2013, a Lei Anticorrupção:[71]

> Art. 24. A multa e o perdimento de bens, direitos ou valores aplicados com fundamento nesta Lei serão destinados preferencialmente aos órgãos ou entidades públicas lesadas.

As normas são interpretadas nessa direção pela jurisprudência. No âmbito da Operação Lava-Jato, o Ministro Teori Zavascki indeferiu o pedido do procurador-geral da República quanto a destinar a 20% do montante devolvido por Paulo Roberto Costa aos órgãos participantes da investigação, sob o fundamento de que a principal lesada, a Petróleo Brasileiro S.A., detinha prioridade na destinação do dinheiro. Destacou o Ministro do Supremo Tribunal Federal:[72]

> O art. 91, II, b, do Código Penal estabelece, como um dos efeitos da condenação "a perda em favor da União, ressalvado o direito do lesado ou de terceiro de boa-fé: [...] b) do produto do crime ou de qualquer bem ou valor que constitua proveito auferido pelo agente com a prática do

---

70. CORREIA, João Conde. Recuperação de activos nos crimes contra economia popular. **Revista do Ministério Público**, n. 146, 2016, p. 57.

71. BRASIL. **Lei nº 12.846/2013**, de 1º de agosto de 2013. Disponível em:<www.planalto.gov.br> Acesso em 9 agos 2017.

72. BRASIL. Supremo Tribunal Federal. **Petição 5.210/DF.**. Disponível em:<www.stf.jus.br> Acesso em 9 out 2017.

> fato criminoso". É certo que, como a Petrobras é o sujeito passivo dos crimes em tese perpetrados por Paulo Roberto Costa e pela suposta organização criminosa que integrava, o produto do crime repatriado deve ser direcionado à Sociedade de Economia Mista lesada, para a restituição dos prejuízos sofridos, uma vez que o dispositivo legal invocado (art. 91, II, *b*, do Código Penal), ao tratar da perda do produto do crime para a União, ressalva expressamente o direito do lesado.

Além de servirem como meio de garantia de indenização às vítimas, os recursos são utilizados como fonte de custeio dos órgãos de investigação. Em Portugal, a Lei nº 30/2017 alterou a Lei nº 45/2011 para prever, expressamente, que a distribuição do produto da venda realizada pelo Gabinete de Administração de Bens ao Fundo de Modernização da Justiça, ao IGFEJ, I.P. e à Comissão de Proteção à Vítimas. Residualmente, as demais receitas decorrentes da administração são destinadas totalmente ao GAB.

No Brasil, a despeito da ausência de previsão da distribuição de recursos no PL 4.850/2016, o art. 7º, § 1º, Lei nº 9.613/1998 determina que a União e os estados regulamentem a destinação dos recursos recuperados, assegurada a utilização para ações de prevenção, repressão e julgamento dos crimes que trata a lei.

No âmbito da Operação Lava Jato, a norma serviu de referência para a homologação de acordo de leniência firmado com a Odebrecht S.A. O acordo previa a destinação de 2,5% do montante recuperado aos órgãos públicos responsáveis pela repressão de crimes de lavagem de dinheiro. A decisão de homologação ratificou a escolha:[73]

73. BRASIL. Tribunal Regional Federal da 4ª Região.**Autos nº 5020175-34.2017.4.04.7000/PR**. Disponível em: <www.trf4.jus.br> Acesso em 9 out 2017.

> Não se vislumbra óbice para o direcionamento de percentual menor dos valores para os fins do art. 7º, § 1º, da Lei nº 9.613/1998, já que, além da expressa previsão legal, o numerário é destinado a investimentos em entidades públicas encarregadas da prevenção e lavagem de dinheiro, atendendo, portanto, ao interesse público de se alcançar maior eficácia nessa atividade, e não é utilizado para proveitos ou recompensas pessoas de agentes públicos específicos. Isso é especialmente importante já que os investimentos em segurança estão usualmente sujeitos a contingenciamentos orçamentários, e isso, supreendentemente, mesmo quando os resultados dos trabalhos, inclusive para recuperação de ativos criminosos, têm sido expressivos.

A derradeira questão trata de monitorar o funcionamento do confisco alargado. O controle serve basicamente a duas finalidades: analisar a eficiência do instituto e evitar o comportamento rentista pelos órgãos públicos envolvidos na atividade de recuperação de ativos.

Como analisado no capítulo três, a análise de eficiência levou à reestruturação da agência de recuperação de ativos na Inglaterra e à incorporação de suas funções por outro ente já existente. O comportamento rentista ou *rent seeking*[74]*, por sua vez, representa a concentração dos órgãos de investigação, apenas, em casos criminais que sejam economicamente atrativos ou, pior, de violação de direitos e de garantias individuais, com vistas a incrementar o resultado financeiro do órgão.*[75] *Em Portugal, o*

74. KRUEGER, Anne O. The political economy of the rent-seeking society. **The American Economic Review,** 1974, v. 64, n. 3, p. 291-303.

75. Como apontado no capítulo dois, em relação ao confisco, a crítica é apresentada de modo contundente no estudo de Leonard W. Levy: **A License to Steal:** the forfeiture of property. United States of America: University of North Carolina Press, 1996.

monitoramento é realizado por relatório emitido pela GRA e pelo GAB e, quinquenalmente, a atividade dos órgãos administrativos é avaliada.[76]

No Brasil, a necessidade de avaliação de medidas legislativas não tem previsão expressa, e tampouco foi tratado no PL nº 4.850/2016. O ato normativo que mais se aproxima em exigir semelhante controle é o Decreto 4.176, de 28 de março de 2002, que estabelece normas e diretrizes para a elaboração de projetos de atos normativos dos órgãos do Poder Executivo.[77] Em linha com o referido decreto, a aplicação do instituto deveria ser avaliada periodicamente em razão do impacto em direitos individuais. O referido decreto não apresenta, contudo, detalhamento suficiente para efetiva análise do instituto, notadamente em razão da ausência de previsão de periodicidade e da necessidade de prever as atribuições de todos os órgãos envolvidos.

Vê-se, assim, que a despeito da ausência de referência no PL 4.850/2016, a distribuição dos recursos confiscados aos órgãos de investigação e a observância da preferência de atendimento às vítimas podem ser feitas por analogia às nor-

---

76. Art. 22. Transparência e monitorização. 1 – Os gabinetes previstos na presente lei elaboram, conjuntamente, até 31 de março do ano seguinte, um relatório relativo ao seu exercício anterior, em termos a definir por despacho dos membros do Governo responsáveis pelas áreas das finanças e da justiça. 2 – O relatório referido no número anterior é entregue ao Ministério da Justiça. 3 – No prazo de cinco anos, a atividade dos gabinetes criados pela presente lei é sujeita a avaliação (PORTUGAL. Lei nº 45/2011. Disponível no link <www.pdglisboa.pt> Acesso em 13 agosto de 2017).

77. O Decreto é citado na doutrina como exemplo de influência da AED no Brasil. TABAK, Benjamin Miranda. A Análise Econômica do Direto: proposições legislativas e políticas públicas. **Revista de Informação Legislativa**, ano 52, n. 205, 2015. Disponível em <www2.senado.gov.br> Acesso em: 16 maio 2017).

mas vigentes no ordenamento. A mesma solução não pode ser utilizada para monitoramento do novo instituto, em razão da necessidade de se detalharem responsabilidades e prazos para o desempenho de tal obrigação, mostrando-se conveniente o tratamento do tema no PL 4.850/2016.

CONCLUSÃO

A presente dissertação analisou a proposta legislativa de confisco alargado inserida no Projeto de Lei nº 4.850/2016 na perspectiva do Direito Comparado, especificamente à luz do instituto similar existente em Portugal.

Num primeiro momento, conceituou-se confisco alargado e demonstrou-se a evolução do instituto até sua consolidação na Diretiva 2014/42/UE do Parlamento Europeu e do Conselho. Demonstrou-se que o instituto surgiu no contexto de expansão da tutela penal de direitos difusos e, em especial, da repressão à criminalidade econômica. O uso da AED auxiliou a identificação de incentivos para a adoção do instituto em razão do efeito dissuasório e da potencialidade de carrear recursos para a atividade de persecução.

Em seguida, analisou-se o instituto congênere existente em Portugal. A dissertação estudou os requisitos da perda alargada, seguindo para demonstrar a inclinação da natureza cível do instituto pela doutrina, no que é corroborada pela jurisprudência do Tribunal Constitucional de Portugal que reconheceu a constitucionalidade do instituto com argumentos que o aproximam da natureza cível. Evoluiu-se então ao peculiar regime processual da perda alargada, permitindo ao final estudar a estrutura do GRA e do GAB, além da distribuição de recursos e o monitoramento para controle do instituto.

Seguiu-se à discussão da perda de bens no ordenamento brasileiro no capítulo seguinte. Diferenciou-se o confisco da pena de confisco, permitindo-se avançar para o estudo do confisco clássico e do confisco subsidiário. Demonstrou-se a discussão existente no Brasil a respeito da natureza jurídica do instituto, assumindo a dissertação o posicionamento pela sua natureza civil. Sob a ótica processual, foi defendida a necessidade de uma imputação clara e objetiva a respeito da perda de bens, sendo ainda apresentado o rito das medidas cautelares dispostas em nosso ordenamento para garantir o resultado útil da decisão de perda de bens, o sequestro, o sequestro subsidiário, o sequestro previsto no Decreto-lei nº 3.240/1941 e a busca e apreensão. Passou-se em seguida à análise da defesa do acusado e do terceiro que eventualmente venha a ser atingido pela decisão de perda de bens. A sentença condenatória atraiu um item específico para tratar da adequada compreensão do efeito automático da sentença penal condenatória e da aproximação da decisão de perda com o *standard* probatório cível. As críticas apresentadas à estrutura do processo penal patrimonial foram abordadas no último item do capítulo, o que permitiu seguir ao capítulo seguinte para estudar a proposta de confisco alargado.

Os aportes dos capítulos anteriores permitiram alcançar a resposta ao problema de pesquisa: a abordagem do confisco alargado no PL nº 4.850/2016 incorpora com êxito o correspondente modelo português? O PL nº 4.850/2016 exibe semelhanças com o instituto da perda alargada vigente em Portugal, mas deixa de abordar temas importantes que podem comprometer a eficácia do instituto.

De modo semelhante a Portugal, o PL nº 4.850/2016 incorpora a possibilidade de confisco do patrimônio incongruente, com base em elementos probatórios extraídos da condenação a um crime anterior. O projeto utiliza um conceito econômico de patrimônio para a identificação dos bens que servirão para a análise da incongruência patrimonial. O período quinquenal é previsto como critério temporal para o período depurador do patrimônio e inclui, nas próprias regras do instituto, argumentos que podem ser utilizados pela defesa. O ponto de distinção reside no marco inicial para a contagem do período quinquenal: enquanto que em Portugal os cinco anos são contados a partir da constituição formal do futuro réu como suspeito, no Brasil, o período depurador adota a data da instauração do procedimento como referência.

O Projeto replica lacunas que poderiam levar ao aperfeiçoamento do instituto caso fossem preenchidas, como a possibilidade de abertura do confisco alargado para crimes lucrativos que não foram previstos no catálogo, o detalhamento do modo e critérios de liquidação e a modulação da possível retroatividade do instituto.

O PL nº 4.850/2016 se diferencia do instituto português ao inverter o rito do confisco alargado, transferindo o reconhecimento do instituto para a fase de cumprimento de sentença, momento em que a acusação deverá demonstrar o preenchimento dos requisitos para sua aplicação. Registra-se que a previsão do rito civil tornou mais evidente a natureza civil do instituto do confisco alargado. O PL nº 4.850/2016 propõe ainda a aplicação do instituto a crimes que, em regra, não detêm a qualificação necessária para atrair um instrumento com repercussões tão graves, como ocorre com a previsão do estelionato.

Afastando-se ainda da estrutura prevista para o funcionamento da perda alargada em Portugal, a proposta de confisco alargado não disciplina, de modo adequado, a participação do terceiro, e não aborda a distribuição dos recursos confiscados ou o monitoramento do instituto. A investigação patrimonial tampouco foi tratada pelo PL nº 4.850/2016, deixando de disciplinar temas correlatos a ela, como os limites probatórios da investigação patrimonial.

REFERÊNCIAS

AGUADO CORREA, Teresa. Comiso: crónica de una reforma anunciada. **Revista para el Análisis del Derecho**, n.1, 2014.

ALENCAR, Carlos Higino Ribeiro de; GICO JR, Ivo. Corrupção e Judiciário: a (in)eficácia do sistema judicial no combate à corrupção. **Revista Direito GV**, v. 7, n. 1, 2011.

AMARAL, Thiago Bottino do (coord.) **Medidas assecuratórias no processo penal**. Projeto Pensando o Direito. Rio de Janeiro/Brasília: FGV, 2010.

ASIAN-PACIFIC ECONOMIC COOPERATION. **Best practices in investigating and prosecuting corruption using financial flow tracking techiniques and financial intelligence** (First Part). Handbook, 2014.

BADARÓ, Gustavo Henrique. **Processo penal**. 3. ed. São Paulo: Revista dos Tribunais, 2015.

BAKER, Raymond. Introduction. In: Global Financial Integrity (Org.). **Transnational crime and the developing world**. 2017. Disponível em: <http://www.gfintegrity.org> Acesso em: 2 setembro 2017.

BALTAZAR JR, José Paulo. *Standards* probatórios no processo penal. **Revista da Ajufergs,** 2007, s.n.

BARROSO, Luís Roberto. **Curso de Direito Constitucional Contemporâneo**: os conceitos fundamentais e a construção do novo modelo. São Paulo: Saraiva, 2009.

BECK, Ulrich. **Sociedade de risco**: rumo a uma outra modernidade. 2. ed. Trad. Sebastião Nascimento. São Paulo: 34, 2011.

BECKER, G.S. Crime and punishment: an economic approach. **Journal of Political Economy**. 1968; 76:169-217.

BITENCOURT, Cezar Roberto. **Tratado de Direito Penal**. 15 ed. São Paulo: Saraiva, 2010.

BLANCO CORDERO, Isidoro. La aplicación del comiso y la necessidade de crear organismos de recuperación de activos. Revue Electronique de l'Association Internationale de Droit Pénal. **ReAIDP,** n. 207. Disponível no link <www.penal.org>. Acesso em: 31 out 2016.

BONFIM, Marcia Monassi Mougenot; BONFIM, Edilson Mougenot. **Lavagem de dinheiro**. 2. ed. São Paulo: Malheiros, 2008.

BOWLES, Roger; FAURE, Michel; GAROUPA, Nuno. The scope of criminal law and criminal sanctions: an economic view and policy implications. **Journal of Law and Society**. 2008; 35 (3): 389-416.

BOWLES, Roger; FAURE, Michel; GAROUPA, Nuno. Economic analysis of the removal of illegal gains. **International Review of Law and Economics**. 2000; 20: 537-549.

BRASIL. Câmara de Deputados. **Projeto de Lei º 4.850/2016.**Disponível em:<www2.camara.leg.br> Acesso em: 10 jun 2017.

BRASIL. **Código Penal.** Decreto nº 847, de 11 de outubro de 1890. Rio de Janeiro. Disponível em: <www.planalto.gov.br>. Acesso em 15 out 2017.

BRASIL. **Código Penal**. Decreto-Lei nº 2.848, de 7 de dezembro de 1940. Rio de Janeiro. Disponível em: <www.planalto.gov.br>. Acesso em 15 out 2017.

BRASIL. **Código de Processo Civil**. Lei nº 13.105, de 16 de março de 2015. Disponível em: <www.planalto.gov.br>. Acesso em: 29 set 2017.

BRASIL. Conselho Nacional do Ministério Público. **Resolução nº 181**, de 7 de agosto de 2017. Diário Eletrônico do CNMP, caderno processual, edição de 08/09/2017.

BRASIL. Conselho Nacional de Justiça. **Manual de Bens Apreendidos**. 2011. Disponível em:<www.cnj.jus.br> Acesso em 4 out 2017.

BRASIL. **Constituição dos Estados Unidos do Brasil.** Rio de Janeiro. Disponível em: <www.planalto.gov.br>. Acesso em 15 out 2017.

BRASIL. **Constituição Política do Império do Brazil.** Rio de Janeiro. Disponível em: <www.planalto.gov.br>. Acesso em 15 out 2017.

BRASIL. **Constituição da República dos Estados Unidos do Brasil**. Rio de Janeiro. Disponível em: <www.planalto.gov.br>. Acesso em 15 out 2017.

BRASIL. **Constituição da República Federativa do Brasil de 1967**. Brasília, DF. Disponível em: <www.planalto.gov.br>. Acesso em 15 out 2017.

BRASIL. **Constituição da República Federativa do Brasil de 1988**. Brasília, DF. Disponível em: <www.planalto.gov.br>. Acesso em 15 out 2017.

BRASIL. **Convenção das Nações Unidas contra a Corrupção**, concluída em 31 de outubro de 2003 pela Assembleia-Geral das Nações Unidas. Decreto nº 5.687, de 31 de janeiro de 2006. Disponível em: <www.planalto.gov.br>. Acesso em 25 out 2017.

BRASIL. **Convenção das Nações Unidas contra o Crimes Organizado Transnacional**, concluída em 15 de novembro de 2000 em Nova York. Decreto nº 5.015, de 10 de março de 2004. Disponível em: <www.planalto.gov.br>. Acesso em 25 out 2017.

BRASIL. **Convenção contra o Tráfico Ilícito de Entorpecentes**, concluída em Viena, a 20 de dezembro de 1988. Decreto nº 154, de 26 de junho de 1991. Disponível em: <www.planalto.gov.br>. Acesso em 25 out 2017.

BRASIL. **Lei nº 12.846/2013**, de 1º de agosto de 2013. Disponível em:<www.planalto.gov.br> Acesso em 9 agos 2017.

BRASIL. Ministério da Justiça. **Levantamento nacional de informações penitenciárias** (Infopen). 2010. Disponível em <http://portal.mj.gov.br>Acesso em: 13 agos 2017.

BRASIL. Ministério Público Federal. **Dados da Comissão de BIs**. Mensagem recebida por <robertovieira@mpf.mp.br> em 11 out 2013.

BRASIL. Ministério Público Federal. Câmara de Coordenação e Revisão. **Roteiro de Atuação:** persecução patrimonial e administração de bens. Brasília, MPF, 2017.

BRASIL. Secretaria Nacional de Justiça. Departamento de Recuperação de Ativos e Cooperação Jurídica Internacional. **ENCLA**: 10 anos de organização do estado brasileiro contra o crime organizado. Brasília: Ministério da Justiça, 2012.

BRASIL. Supremo Tribunal Federal. **AP 470/MG**. Disponível em <http://stf.jus.br>Acesso em: 13 agos 2017.

BRASIL. Supremo Tribunal Federal. **Petição 5.210/DF**. Disponível em:<http://stf.jus.br>. Acesso em: 13 agos 2017.

BRASIL. Supremo Tribunal Federal. Plenário. **Recurso Extraordinário nº 543.974**/MG. Disponível em <http://stf.jus.br>Acesso em: 13 agos 2017.

BRASIL. Superior Tribunal de Justiça. **REsp 769.049**. Disponível em <http://stf.jus.br>Acesso em: 13 agos 2017.

BRASIL. Superior Tribunal de Justiça. Recurso Especial nº 827.940-SP. Disponível em <www.stj.jus.br>Acesso em: 13 agos 2017.

BRASIL. Superior Tribunal de Justiça. HC 28305/GO. Disponível em <www.stj.jus.br>Acesso em: 13 agos 2017.

BRASIL. Tribunal de Justiça de São Paulo. **Apelação nº 0000760-10.2006.8.26.0625**. Disponível em: <http:tjsp.jus.br> Acesso em: 15 agos 2017.

BRASIL. Tribunal de Contas da União. Plenário. **Acórdão 360/2012**. Disponível em: <www.tcu.gov.br> Acesso em 19 set 2017.

BRASIL. Tribunal Regional Federal da 4ª Região. **Autos nº 5020175-34.2017.4.04.7000/PR**. Disponível em:<www.trf4.jus.br> Acesso em 9 out 2017.

BRUNO, Aníbal. **Direito Penal**. 4 ed. Rio de Janeiro: Forense, 1984, Parte Geral, tomo 3.

BUSCAGLIA, Edgardo. Legal and economic factors determining success and failure in the fight against organized crime: na empirical assessment of the Palermo Convention. **Latin America and Caribbean Law and Economics Association** (ALACDE) Annual Papers. 2008. Disponível no link <https://escholarship.org> Acesso em: 13 agosto 2017.

CAEIRO, Pedro. Sentido e função do instituto da perda de vantagens relacionadas com o crime no confronto com outros meios de prevenção da criminalidade reditícia (em especial, os procedimentos de confisco *in rem* e a criminalização do enriquecimento ilícito). **Revista Portuguesa de Ciência Criminal,** 2011, ano 21, n. 2.

CAIRES, João Gouveia. O regime processual especial aplicável ao crime organizado (Económico-Financeiro): âmbito de aplicação da Lei nº 5/2002, de 11 de janeiro, o regime do sigilo e do registo de voz e imagem. In: PALMA, Maria Fernanda; DIAS, Augusto Silva; SOUSA MENDES, Paulo de (Org.). **Direito Penal Econômico e Financeiro**: conferências do Curso Pós-Graduado de Aperfeiçoamento. Coimbra: Coimbra, 2012.

CALLEGARI, André Luís. **Direito Penal Econômico e lavagem de dinheiro**: aspectos criminológicos. Porto Alegre: Livraria do Advogado, 2003.

CASSELLA, Stefan D. An overview of asset forfeiture in the United States. In: YOUNG, Simon N. M. **Civil forfeiture of criminal property**: legal mesures for targeting the proceeds of crime. Cheltenham: Edward Elgar, 2009.

COFFEE JUNIOR, John Collins. Corporate crime and punishment: a non Chicago view of the economics of criminal sanctions. **American Criminal Law Review**. 1979-1980; 17: 419-476.

COOTER, R. D. Prices and sanctions. **Columbia Law Review**. 1984; 84:1523-1560.

CORREA JUNIOR., Alceu. **Confisco penal**: alternativa à prisão e aplicação aos delitos econômicos. São Paulo: IBCCRIM, 2006.

CORREIA, João Conde. **Da proibição do confisco à perda alargada**. Lisboa: Imprensa Nacional, 2012, versão *kindle*.

CORREIA, João Conde. Anotação ao Acórdão do Tribunal da Relação de Lisboa de 8 de Outubro de 2014: o arresto preventivo dos instrumentos e produtos do crime. **Revista Julgar** *on line*, outubro de 2014.

CORREIA, João Conde. Reflexos da Diretiva 2014/14/EU.**Revista do Centro de Estudos Judiciários**, 2014, n. 2.

CORREIA, João Conde. Presunção de proveniência ilícita de bens para perda alargada: anotação aos acórdãos do Tribunal Constitucional nºs 101, 392 e 476/2015. **Revista do Ministério Público**, 2016, n. 145.

CORREIA, João Conde. Recuperação de activos nos crimes contra economia popular. **Revista do Ministério Público**, n. 146, 2016.

CORREIA, João Conde; RODRIGUES, Hélio Rigor. Anotação ao Acórdão do Tribunal da Relação de Guimarães de 01-12-2014, Proferido no Processo 218/11.0GACBC.G1. **Revista Julgar**. 2017, versão *on line.*

CORREIA, João Conde; RODRIGUES, Hélio Rigor. O confisco das vantagens e a pretensão patrimonial da autoridade tributária e aduaneira nos crimes tributários. **Revista Julgar**, 2017, versão *online.*

CUNHA, José Manoel Damião. **O Ministério Público e os órgãos de polícia criminal no Novo Código de Processo Penal.** Universidade Católica Portuguesa: Coimbra, 1993.

CUNHA, José Manoel Damião. Perda de bens a favor do Estado. Arts. 7º-12, da Lei nº 5/2002, de 11 de Janeiro (Medidas de Combate à Criminalidade Organizada e Económico-Financeira). In: **Medidas de Combate à Criminalidade Organizada e Económico-Financeira. Centro de Estudos Judiciários**. Coimbra: Coimbra, 2004.

CUNHA, José Manoel Damião. **Perda de bens a favor do Estado**. Centro de Estudos Judiciários. 2002.

CYRUS CHU, C. Y. An economic analysis of the criminal proceedings in civil-law countries. **International Review of Law and Economics**. 1991; 11:111-116.

DALLAGNOL, Deltan Martinazzo. Tipologias de lavagem. In: CARLI, Carla Veríssimo de (Org). **Lavagem de dinheiro**: prevenção e controle penal. Porto Alegre: Verbo Jurídico, 2011.

DÍAZ, María José Jiménez. Sociedad del riesgo e intervención penal. **Revista Electrónica de Ciencia Penal y Criminologia**. 2014, n. 16.

D'ANTONI, Massimo; GALBIATI, Roberto. A signaling theory of nonmonetary sanctions. **Interational Review of Law and Economics**. 2007; 27: 204-218.

ESPAÑA. Boletín Oficial del Estado. 2015, 77: 27.065. Disponível em:<https://boe.es>. Acesso em: 23 agos 2017.

ESSADO, Tiago Cintra. **A perda de bens e o novo paradigma para o processo penal brasileiro.** Rio de Janeiro: Lumen Juris, 2015.

FATF. Financial Action Task Force. **Operational issues financial investigations guidance**. June, 2012. Disponível no link <http://www.fatf-gafi.org> acesso em 10 abril 2017.

FATF. Financial Action Task Force. **International standards on combating money laundering and the financig of terrorism & proliferation**. Paris: FATF, 2015. Disponível em: <http://www.fatf-gafi.org> Acesso em: 10 abr 2017.

FELDENS, Luciano. **Tutela penal de interesses difusos e crimes do colarinho branco**: por uma relegitimação da atuação do ministério público: uma investigação à luz dos valores constitucionais. Porto Alegre: Livraria do Advogado, 2002.

FERNANDES, Antônio Scarance. **O papel da vítima no processo criminal**. São Paulo: Malheiros, 1995.

FIESP. Federação das Indústrias de São Paulo. **Relatório Corrupção**: custos econômicos e propostas de combate, 2010. Disponível no link <http://www.fiesp.com.br> Acesso em: 13 agos 2017.

FIGUEIREDO DIAS, Jorge de. **Direito Penal Português**. Coimbra, 2005.

FISCHER, Douglas. O custo social da criminalidade econômica. In: GUEIROS SOUZA, Artur de Brito (Org.). **Inovações no Direito Penal Econômico**: contribuições criminológicas, político-criminais e dogmáticas. Brasília: ESMPU, 2011.

FORSAITH, James *et al.* **Study for an impact assessment on a proposal for a new legal framework on the confiscation and recovery of criminal assets**. European Union. Rand Coporation, 2012.

FRANCE. Code Pénal. Disponível no link <https://www.legifrance.gouv.fr>. Acesso em: 10 agos 2017.

FRANCE. Agence de gestion et de recouvrement des avoirs saisis et confisqués. **Rapport Annuel 2013**. 2013. Disponível no link <www.justice.gouv.fr> Acesso em: 21 set 2017.

GARNER, Bryan A. **Black's law dictionary**. 9th ed. Saint Paul: West Group, 2014.

GAROUPA, Nuno. Optimal magnitude and probability of fines. **European Economic Review.** 2001; 45: 1765-1771.

GICO JR, Ivo T. Metodologia e epistemologia da Análise Econômica do Direito. **Economic Analysis of Law Review**, v. 1, n. 1, 2010. Disponível no link <http://portalrevistas.ucb.br> Acesso em: 13 agos 2017.

GODINHO, Jorge. Brandos costumes? O confisco penal com base na inversão do ónus da prova. In: ANDRADE, Manuel da Costa *et al* (Orgs.) ***Liber Discipulorum* para Figueiredo Dias**. Coimbra: Coimbra, 2003.

GOMES FILHO, Antônio Magalhães. **A motivação das decisões penais**. São Paulo: Revista dos Tribunais, 2013.

GONÇALVES JÚNIOR, Carlos Alberto; SHIKIDA, Pery Francisco Assis. Determinantes da reincidência penal no estado do Paraná: uma análise empírica da economia do crime. **Economic Analysis of Law Review**, v. 4, n. 2, 2013, p. 315-336.

GLOBAL FINANCIAL INTEGRITY. Illicit Financial flows to and from developing countries: 2005-2014. **Global Financial Integrity**, 2017. Disponível em: <http://www.gfin tegrity.org> Acesso em: 2 set 2017.

GLOBAL FINANCIAL INTEGRITY **Transnational crime and the developing world**. 2017. Disponível em: <http://www.gfintegrity.org> Acesso em: 2 set 2017.

G-8 Countries. **Best pratice principles on tracing, freezing and confiscation of assets**. Disponível em:<https://www.coe.int>Acesso em: 28 de maio 2016.

HOUAISS, Antônio; VILLAR, Mauro de Salles. **Dicionário Houaiss da língua portuguesa**. Rio de Janeiro: Objetiva, 2009.

INTERNATIONAL MONETARY FUND. **Corruption**: costs and mitigation strategies. International Monetary Fund, 2016. Disponível em: <http://www.imf.org> Acesso em: 13 agos 2017.

JANKOV, Fernanda Florentino. **Direito Internacional Penal**: mecanismo de implementação do Tribunal Penal Internacional. São Paulo: Saraiva, 2009.

KNIJNIK, Danilo. **A prova nos juízos cível, penal e tributários**. Rio de Janeiro: Forense, 2007.

KNIJNIK, Danilo. Os *standards* do convencimento judicial: paradigmas para o seu possível controle. **Revista Forense**, 2001.

KRUEGER, Anne O. The political economy of the rent-seeking society. **The American Economic Review,** v. 64, n.3, p. 291-303.

LEVY, Leonard W. **A license to steal:** the forfeiture of property. United States of America: University of North Carolina Press, 1996.

LINHARES, Solon Cícero. **Confisco de bens**: uma medida penal, com efeitos civis contra a corrupção. São Paulo: Revista dos Tribunais, 2016.

MARQUES, Paulo Silva. O confisco ampliado no Direito Penal português. In: **Lusíada.** Direito. Lisboa: Universidade Lusíada, 2003.

MARTINS, Tiago Misael de Jesus. **Investigação Financeira**: coleta, análise e uso de dados. 2016. Obra no prelo.

MATOS, Maria José. **Perda de bens na Lei nº 5/2002**: requiem pelo Estado de Direito. Edições Esgotadas, 2017.

MENDES, Gilmar Ferreira. **Curso de Direito Constitucional**. 6 ed. São Paulo: Saraiva, 2011.

MICELI, J. Thomas. Optimal criminal procedure: fairness and deterrence. **International Review of Law and Economics**. 1991; 11: 3-10.

MIRANDA, Pontes de. **Comentários à Constituição de 1946**. 2.ed. Max Limonad, v. 4.

MOHALLEM, Michael Freitas; RAGAZZO, Carlos Emmanuel Joppert (Coords). **Diagnóstico institucional:** primeiros passos para um plano nacional anticorrupção. Rio de Janeiro: FGV, 2017.

MORO, Sergio Fernando. **Crime de lavagem de dinheiro**. São Paulo: Saraiva, 2010.

MORO. Prefácio. In: LINHARES, Solon Cícero. **Confisco de Bens**: uma medida penal, com efeitos civis contra a corrupção. São Paulo: Revista dos Tribunais, 2016.

MOUTINHO, José Lobo. **Arguido e imputado no processo penal português**. Lisboa: Universidade Católica, 2000.

MURPHY JR, Russell D. Crime, confiscation and growth. **Public Choice**. 204; 118: 325-339.

NUCCI, Guilherme de Souza. **Princípios constitucionais penais e processuais penais.** São Paulo: Revista dos Tribunais, 2010.

OEA. Organização dos Estados Americanos. **Projeto BIDAL Brasil.** Documento de Resultados do Diagnóstico Situacional Relacionado à Investigação Patrimonial, Administração e Destino de Bens Apreendidos e Confiscados 2015. Disponível em: < http://www.justica.gov.br> Acesso em: 9 agos 2017.

OEA. Organización de los Estados Americano. **Sistemas de administración de bienes de américa latina y guía para la administración de bienes incautados y decomisados del crimen organizado**. 2011.

PANZERI, André de Almeida. A sanção de perda de bens no Direito Penal Econômico. Análise comparativa dos modelos português e brasileiro. **Revista Brasileira de Ciências Criminais**, v. 52, 2005.

PAVLIDIS, Georgio. **Confiscation Internationale**: instruments internationaux, droit de l'Union européenne, droit suisse. Schulthess: Genève, 2012.

PINHO, Ruy Sérgio Rebello. **A reparação do dano causado pelo crime e o processo penal.** São Paulo: Atlas, 1987.

PITOMBO, Cleunice Bastos. **Da busca e apreensão no processo penal**. 2 ed. São Paulo: Revista dos Tribunais, 2005.

POLINSKY, A. Mitchell; SHAVELL, Steven. The optimal use of fines and imprisonment. **Journal of Public Economics.**1984; 24: 89-99.

POLLASTRI, Marcellus. **A tutela cautelar no processo penal**. 3 ed. São Paulo: Atlas, 2014.

PORTO, A. J. M.; THEVENARD, L. Análise econômica da função social dos contratos: críticas e aprofundamentos. **Economic Analysis of Law Review**, v. 1, n. 2, 2010, p. 196-212.

PORTUGAL. **Carta Constitucional de 29 de abril de 1826**. Disponível em: <https://www.parlamento.pt> Acesso em: 15 set 2017.

PORTUGAL. **Código Penal**. Lisboa, 15 de março de 1995. Disponível em: <https://www.parlamento.pt> Acesso em: 15 set 2017.

PORTUGAL. **Código de Processo Penal**. Lisboa, 17 de fevereiro de 1987. Disponível em: <https://www.parlamento.pt> Acesso em: 15 set 2017.

PORTUGAL. **Constituição de 23 de setembro de 1822**. Disponível em: <https://www.parlamento.pt> Acesso em: 15 set 2017.

PORTUGAL. **Constituição de 1838**. Disponível em: <https://www.parlamento.pt> Acesso em: 15 set 2017.

PORTUGAL. **Constituição de 21 de agosto de 1911**. Disponível em: <https://www.parlamento.pt> Acesso em: 15 set 2017.

PORTUGAL. **Constituição de 11 de abril de 1933**. Disponível em: <https://www.parlamento.pt> Acesso em: 15 set 2017.

PORTUGAL.**Constituição da República Portuguesa**. Disponível em: <https://www.parlamento.pt> Acesso em: 15 set 2017.

PORTUGAL. **Declaração de Rectificação nº 5/2002**. Lisboa, 6 de fevereiro de 2002. Disponível em: <https://www.parlamento.pt> Acesso em: 15 set 2017.

PORTUGAL. Despacho do Ministro da Justiça nº 11389/2010. **Diário da República nº 134/2010**, Série II, de 13/07/2010. . Disponível em: <https://www.parlamento.pt> Acesso em: 15 set 2017.

PORTUGAL. **Diário da Assembleia da República**, I, Série nº 1, 20/09/2011. Disponível em: <https://www.parlamento.pt> Acesso em: 15 set 2017.

PORTUGAL. **Diário da Assembleia da República**, II, Série nº 76, de 18/07/2011. Disponível em: <https://www.parlamento.pt> Acesso em: 15 set 2017.

PORTUGAL. **Lei nº 5/2002**. Lisboa, 11 de janeiro de 2002. Disponível em: <https://www.parlamento.pt> Acesso em: 15 set 2017.

PORTUGAL. **Lei nº 45/2011**. Lisboa, 24 de junho de 2011. Disponível em: <https://www.parlamento.pt> Acesso em: 15 set 2017.

PORTUGAL. Sindicado dos Magistrados do Ministério Público. **Comentários do SMMP ao projecto de portaria que fixa a estruturado Gabinete de Recuperação de Activos**. 2012. Disponível em <http://www.smmp.pt>. Acesso em: 20 maio 2017.

PORTUGAL. Supremo Tribunal de Justiça. **Acórdão de 13/11/1985**. Disponível em: <https://www.stj.pt> Acesso em: 17 out 2017.

PORTUGAL. Tribunal da Relação de Lisboa. **Acórdão de 18 de junho de 1996**. Disponível em: <https://www.trl.mj.pt> Acesso em: 17 out 2017.

PORTUGAL. Tribunal da Relação do Porto, Secção Criminal, **Acórdão de 31 de março de 1993**. Disponível em: <https://www.trp.mj.pt> Acesso em: 17 out 2017.

PORTUGAL. Tribunal da Relação do Porto. **Processo nº 0514345**. Disponível em:<www.dgsi.pt>. Acesso em: 12 out 2017.

PORTUGAL.Tribunal Constitucional de Portugal. Acórdão 392/2015. Disponível em: <https://www.tribunalconstitucional.pt> Acesso em: 17 out 2017.

POSNER, Richard A. Optimal sentences for white-collar criminals. **American Criminal Law Review**. 1979-1980; 17: 409.

PRADO, Luiz Regis. **Curso de Direito Penal Brasileiro**. Parte Geral. São Paulo: Revista dos Tribunais, 2010.

REES QC, Edward; FISHER QC, Richard; THOMAS, Richard. **Blackstone's guide to the proceeds of crime act 2002**. 5 ed. United Kingdom: Oxford University Press, 2015. Versão Kindle.

RIGOR RODRIGUES, Hélio. Gabinete de Recuperação de Activos. O que é, para que serve e como atua. **Revista do Centro de Estudos Judiciários**, 2013, nº 1, p. 63-87.

RIGOR RODRIGUES, Hélio. Perda de bens no crime de tráfico de estupefacientes: harmonização dos diferentes regimes jurídicos aplicáveis. **Revista do Ministério Público**, n. 134, 2013.

RIGOR RODRIGUES, Hélio; REIS RODRIGUES, Carlos A. **Recuperação de activos na criminalidade económico-financeira**: viagem pela idiossinacracias de um regime de perda de bens em expansão. Sindicato dos Magistrados do Ministério Público. s/d.

RODRIGUES, Anabela Miranda. O Direito Penal Europeu Emergente. SOUZA, Artur de Brito Gueiros(org.). **Inovações no Direito Penal Econômico**: contribuições criminológicas, político-criminais e dogmáticas. Brasília: ESMPU, 2011.

RUI, Jon Petter; e SIEBER, Ulrich. Non-conviction-based confiscation in Europe. In: RUI, Jon Petter; SIEBER, Ulrich (Org.). **Non-conviction-**

-based confiscation in Europe: possibilities and limitations on rules enabling confiscation without a criminal conviction. Berlin:Duncker & Humblot, 2015.

RYDER, N. To Confiscate or not to confiscate? A comparative analysis of the confiscation of the proceeds of crime legislation in the United States of America and the United Kingdom. **Journal of Business Law**, 8, 2013, p. 767-798.

SAADI, Ricardo Andrade; MACHADO, Diogo de Oliveira. Os valores da corrupção: administração de bens apreendidos. **Revista Direito GV**, 2017, v. 13, n. 2.

SÁNCHEZ RIOS, Rodrigo; PUJOL, Luiz Gustavo. Confisco alargado: reflexões acerca de suas possibilidades no ordenamento jurídico brasileiro. **Revista Brasileira de Ciências Criminais,** v. 118, 2016, p. 123-158.

SANTOS, Juarez Cirino dos. Reflexões sobre Confisco Alargado. **Boletim do IBCCRIM**. ano 23, n. 277, 2015.

SHAVELL, Steven. Criminal law and the optimal use of nonmonetary sanctions as a deterrent. **Columbia Law Review**. 1985; 85:1232-1262.

SHIKIDA, Pery Francisco Assis. Considerações sobre a economia do crime no Brasil: um sumário de 10 anos de pesquisa. **Economic Analysis of Law Review**. 2010; 1 (20): 318-336.

SILVA, De Plácido. **Vocabulário Jurídico**. Rio de Janeiro: Editora Forense, 2008.

SILVA, Germano Marques da. **Curso de Processo Penal**. 6 ed. Lisboa: Verbo, 2010, v. I.

SILVA SÁNCHEZ, Jesús-María. **A Expansão do Direito Penal**: aspectos da política criminal nas sociedades pós-industriais. 2.ed. Trad. Luiz Otávio de Oliveira Rocha. São Paulo: Revista dos Tribunais, 2011.

SIMÕES, Euclides Dâmaso. A proposta de lei sobre o gabinete de recuperação de activos. **Revista do CEJ**, n. 14, 2010.

SIMÕES, Euclides Dâmaso; TRINDADE, José Luís F. Recuperação de activos: da perda ampliada à *actio in rem* (virtudes e defeitos de remédios fortes para patologias graves). **Revista Julgar *On Line***. 2009.

SIMOES, Euclides Dâmaso. Prefácio. In: CORREIA, João Conde. **Da proibição do confisco à perda alargada**. Lisboa: Imprensa Nacional, 2012, versão *kindle*.

SOARES, Denise de Souza; DOLINGER, Jacob. **Direito Internacional Penal**: tratados e convenções. Rio de Janeiro: Renovar, 2006.

SOUZA, Artur de Brito Gueiros. Da Criminologia à Política Criminal: Direito Penal Econômico e o novo Direito Penal. SOUZA, Artur de Brito Gueiros (Org.). **Inovações no Direito Penal Econômico**: contribuições criminológicas, político-criminais e dogmáticas. Brasília: ESMPU, 2011.

SOUZA, Cláudio Macedo de; CARDOSO, Luiz Eduardo Dias. A perda alargada em face da principiologia processual penal brasileira. **Revista Brasileira de Ciências Criminais**, v. 118, 2016.

SPROAT, Peter. An evaluation of the UK's anti-money laundering and asset recovery regime. **Crime Law Soc Change**. 2007; 47:169-184.

STEPHENSON, Kevin, *et al.* Barriers do asset recovery: an analysis of the key barriers and recomendation for action. **Stolen Asset Recovery Initiative**, 2011.

STESSENS, Guy. **Money laundering**. A new international law enforcement model. Cambridge: University Press, 2002.

SUTHERLAND, Edwin H. **Crime de colarinho branco**: versão sem cortes. 1 ed. Trad. Clécio Lemos. Rio de Janeiro: Revan, 2015.

TABAK, Benjamin Miranda. A Análise Econômica do Direito: proposições legislativas e política pública. **Revista de Informação Legislativa**, a.52, n. 205, 2015. Disponível em < http://www2.senado.gov.br> Acesso em:16 maio 2017.

TOURINHO FILHO, Fernando da Costa. **Processo penal**. 32 ed. São Paulo: Saraiva, 2010.

TRANSPARENCY INTERNATIONAL. **Corruption perceptions index 2014**. 2014. Disponível em: <http://www.transparency.org>. Acesso em: 13 agos 2017.

TRANSPARENCY INTERNATIONAL. **Does corruption live next door?** Shell Companies and the Real Estate Sector in the largest city in the

Southern Hemisphere. Transparency International, 2017. Disponível em: <http://www.transparency.org>. Acesso em: 13 agos 2017.

UE. UNIÃO EUROPEIA. **Conselho Europeu de Amsterdã**. Disponível em:<http://eur-lex.europa.eu>. Acesso em: 3 set 2017.

UE. UNIÃO EUROPEIA. **Conselho Europeu de Bruxelas**. Disponível em: <http://www.consi lium.europa.eu> Acesso em: 10 abr 2017.

UE. UNIÃO EUROPEIA. **Comunicação ao Parlamento Europeu e ao Conselho.** Produtos do crime organizado: garantir que o "crime não compensa". COM/2008/0766. 2008. Disponível em: <http://eur-lex.europa.eu>. Acesso em: 3 set 2017.

UE. UNIÃO EUROPEIA. Diretiva 2014/42/UE do Parlamento Europeu e do Conselho, de 3 de abril de 2014. **Jornal Oficial da União Europeia**. Disponível em: <www.eur-lex.europa.eu>. Acesso em 25 out. 17.

UE. UNIÃO EUROPEIA. **Documento nº E2060**. Initiative of the Kingdom of Denmark with a view to the adoption of a council framework decision on confiscation of crime-related proceeds, instrumentalities and property. 2002 Disponível em:<http://www.eur-lex.europa.eu>. Acesso em: 3 set 2017.

UE. UNIÃO EUROPEIA. **Relatório da Comissão com base no artigo 6º da Decisão-Quadro do Conselho.** 2007. Disponível em:<http://www.eur-lex.europa.eu>. Acesso em: 3 set 2017.

UE. UNIÃO EUROPEIA. Resolução do Parlamento Europeu, de 25 de outubro de 2011. **Jornal Oficial da União Europeia** C131 E/66, de 8 de maio de 2013. Disponível em:<http://www.eur-lex.europa.eu>. Acesso em: 3 set 2017.

UE. UNIÃO EUROPEIA. Tratado sobre o Funcionamento da União Europeia. **Jornal Oficial da União Europeia**. C 202/1, de 7 de junho de 2016. Disponível em:<http://www.eur-lex.europa.eu>. Acesso em: 3 set 2017.

UNITED KINGDOM. **Proceeds of Crime Act**. 2002.Disponível em: <https://www.parliament.uk> Acesso em: 19 set 2017.

UNITED KINGDOM. Recovering the Proceeds of Crime: a performance and inovation unit report. June, 2000 Disponível em: <https://www.parliament.uk> Acesso em: 2 set 2017.

UNITED KINGDOM. House of Commons. **Proceeds of crime.** Home Affairs Committee. 2016, p. 4 e 17. Disponível em: <https://www.parliament.uk> Acesso em: 2 set 2017.

UNITED KINGDOM. *In Re Norris.* 2001. Disponível em: <publications.parliament.uk>. Acesso em 9 out. 17.

UNITED NATIONS. **Commentary on the United Nations Convention against illicit traffic in narcotic drugs and pshychotropic substances.** United Nations Publication, 1998.

UNITED NATIONS. **Security Council Resolution nº 1.617**, de 29 de julho de 2005. Disponível em: <http://www.un.org> Acesso em: 13 agos 2017.

UNITED STATES. Department of Justice. **Asset forfeiture program.** 2017. Disponível em: <https://www.justice.gov/afp> Acesso e: 2 set 2017.

VERVAELE, John A. E. **Les sanctions de confiscation en Droit Pénal:** un intrus issu du droit civil? Une Analyse de la Jurisprudence de la CEDH et de la signification qu'elle revêt pour le droit (procédural) pénal néerlandais.Disponível em: <http://dspace.library.uu.nl> Acesso em: 11 agos 2016.

ZAFFARONI, Eugenio Raúl; PIERANGELI, José Henrique. **Manual de Direito Penal brasileiro.** São Paulo: Revista dos Tribunais, 2015.

ZAPATERO, Luis Arroyo. A harmonização internacional do Direito Penal. Ideias e Processos. In: OLIVEIRA, William Terra *et al* (Org.) **Direito Penal Econômico**: estudos em homenagem aos 75 anos do professor Klaus Tiedeman. São Paulo: LiberArs, 2013.

EDITORA
*Jus*PODIVM
www.editorajuspodivm.com.br